大是文化

曼德拉效應

一群不相干的人同時記錯一件事，後果是？
誰迷惑你的理智、操弄你的行為，怎麼擺脫？

心理諮詢師
玄慧雯——著

目錄

推薦序
人類行為說明書

人生設計心理諮商所共同創辦人、諮商心理師／盧美妏

每當我說自己是「心理師」，經常得到人們回覆：「那妳知道我在想什麼嗎？」心理師不是通靈師，我不知道眼前的人正在想什麼，卻能透過經典心理學理論，去搞懂人們行為背後的規律。

在我心理諮商和職業生涯諮詢實務工作中，心理學理論提供我看待人事物的視角，也讓我在治療過程中尋找合適的切入點。扎實的理論對我的工作幫助不小，我相信對各行各業的讀者也是如此，畢竟心理學是關於「人」的科學，工作與生活中，我們又有何時是脫離「人」的呢？

學習心理學理論是很枯燥乏味的，《曼德拉效應》這本書卻引人入勝。作者

玄慧雯透過豐富的案例故事，將複雜拗口的心理學概念描述得生動且易於理解。

在探討「瓦倫達效應」時，她生動的解釋人們在過於專注結果時反而容易失敗，也透過實際案例來提醒讀者如何正確處理壓力和期望。我在諮商工作中經常遇到這樣的個案，因為太過在意，所以失常。你曾有過這樣的經驗嗎？「瓦倫達效應」可能也曾發生在你身上！

「習得性無助」也是我們常聽到的心理學名詞，屢戰屢敗，你還願意堅持下去嗎?作者在書中深入淺出的分析如何克服心理障礙，實現自我。

《曼德拉效應》中的每一個案例，都像我在工作中會遇到的個案縮影。例如「錨定效應」提到人們往往會被最初的訊息所影響，進而形成刻板印象。我曾遇到一位學員，他在面試前因為網路匿名論壇的一句負面評論，便對那份工作產生負面印象，我協助他重新評估這次機會，用不同視角看待那家公司，破除已經被錨定的壞印象，最終他去面試後發現那份工作非常適合自己。

《曼德拉效應》不只是一本心理學科普書，也是一本關於自我發現與成長的指導手冊，簡稱人類行為說明書。作者用貼近日常生活的文筆和故事，闡述心理學理論，像是一本人類行為的解答之書。透過書中介紹的許多理論，你可能會想起某些事件，或是某些人的臉孔，心中想著：原來是這樣呀！

如果你對心理學有興趣，也想了解人類行為背後的科學，這本書是輕鬆好讀的入門，可以引領你進入探討人類行為的奧妙之旅。

第一章

曼德拉效應：
集體性出現虛假記憶

生活中經常發生這樣的現象：你明明記得自己將某物存放在A處，結果卻在B處找到；和朋友回憶兒時樂事，儘管你將事件敘述得栩栩如生，甚至細節都分毫不差，結果卻和朋友的記憶相差甚遠……究竟是哪裡出了問題？其實一切都是「曼德拉效應」（Mandela Effect）在作怪。

01
記憶不可靠，甚至可能被創造

「曼德拉效應」提出於二〇一〇年，提出者是一個名叫菲安娜．布梅（Fiona Broome）的美國部落客。所謂部落客，是指伴隨網路興起，與網路相伴相生的一個群體。他們不同於整天上網的人，而是網路的堅守者。他們在網路興起時就堅守在這裡，用自己的文字，書寫生活的點滴，彼此交流，互相問候，堅持著自己心中的理想。他們的這些文字是利用網頁撰寫的札記，即我們所說的部落格（Blog）。

身為一位部落客，菲安娜持續在網路上書寫著自己的所思所想。二〇一〇年，她在部落格上聲稱，南非前總統曼德拉（Nelson Mandela）早在一九八〇年代就已經在監獄中去世。可是事實上，被尊稱為「南非國父」的曼德拉，當時還健在，直到三年後（二〇一三年）才在約翰尼斯堡（Johannesburg）的居所去世。

然而，她的這一明顯與事實不符的消息，卻獲得了很多人的附和。甚至還有人具體描述了電視中播出的曼德拉葬禮的細節，以及葬禮上他妻子悲戚的表情。

後來，人們就將這種**集體性的「對事情持有錯誤的記憶」**的現象，稱為**「曼德拉效應」**。

誰竄改了我們的記憶

事實上，不只菲安娜，生活中許多人，甚至包括正在閱讀此文的我們，都曾出現過這種虛假記憶（false memory），經常將虛假記憶當作事實，甚至因此引發煩惱。究竟是什麼原因導致如此多的人存在虛假記憶呢？關於這一問題，歷來眾說紛紜。

其中一種觀點認為，人類之所以出現虛假記憶，與人類記憶的缺陷有關。由大腦中儲存記憶的神經網絡構成的記憶，在人類的大腦中，會經歷「訊息輸入—

訊息鞏固—訊息重複」的過程。個體接受外來訊息，輸入大腦，完成記憶的第一步，但這時並未形成記憶。倘若一定要說是記憶的話，也只是短期記憶，只是一種記憶痕跡。

當輸入的訊息從臨時儲存區（如海馬迴）轉移到前額葉皮質，永久的儲存下來時，訊息進入記憶鞏固期，此時才能稱之為記憶。在這一過程中，海馬迴將經歷的事件形成情景記憶，或自傳性記憶，用記憶碎片的方式將它們記錄下來。

隨後，當受到某一刺激或出於某一目的，回憶經歷的這些事件（即訊息輸出）時，海馬迴就會進行場景構建，即海馬迴中的神經網絡，將這些記憶碎片放在一個空間裡重新組合。這一場景建構的過程，是在圖式[1]的指導下進行的。當相似的記憶儲存在緊鄰的位置，個體的經歷不同，認知和邏輯也不同，於是海馬迴會按照自己的邏輯和當下的信念，對內容進行重組，結果記憶的內容就會發生變化，甚至有時會出現沒有發生過的事件的記憶，也就是個體的記憶內容發生錯誤，結果在訊息輸出時，形成了虛假記憶。

1 schema，指有組織、可重複的行為模式或心理結構，是一種認知結構的單元。

一種觀點則認為，人類虛假記憶的出現，與其過往經歷相關。個體在經歷過的事件中獲得的認知因素，會影響著虛假記憶的形成。

一九九三年，美國加州大學爾灣分校（University of California, Irvine）的伊莉莎白・羅芙托斯（Elizabeth Loftus）教授，針對記憶的虛假性進行了一項簡單的實驗。她提前請受試者的家人提供受試者童年時期經歷的真實事件，然後將其與捏造的虛假事件——在購物中心迷路——的記憶混合在一起，編成三項關於童年時期記憶的小冊子。隨後，主試[2]人員在沒做任何誘導的前提下，請受試者閱讀小冊子，並具體記錄下自己記得的內容，無須記錄不記得的內容。

實驗結果顯示，二五%的受試者寫出了自己在購物中心迷路的經歷，且描述得相當詳細，甚至還描述了情緒上的變化以及個人的心理感受。比如「想到再也見不到家人，我實在嚇壞了。」、「我左顧右盼，心想事情不對。一位穿著藍衣服、頭髮花白、頭頂禿了、戴著眼鏡的老爺爺向我走來……。」諸如此類的細節描述和情緒變化。

這一切很容易讓人確信這是實際發生的事，但可以確定的是，這只是受試者在閱讀小冊子中的假事件後，再自己編造出來的記憶，即虛假記憶。研究團隊還發現，在受試者閱讀小冊子前，這些記憶一次也不曾出現。

隨後，她又在其他研究中，圍繞記憶的虛假性進行了研究。研究團隊以童年時曾去過迪士尼樂園的學生為受試者，請他們看廣告圖片。圖片上是迪士尼樂園的兔巴哥（Bugs Bunny）拉著一個小孩的手。隨後，主試請看過照片的受試者描述，童年時期在迪士尼樂園內遇見兔巴哥的畫面。

實驗結果顯示，六二％的受試者記得自己和兔巴哥握手的畫面，四五％的受試者記得自己和兔巴哥擁抱的畫面，甚至有些受試者還清晰的描述自己如何摸兔巴哥的耳朵或尾巴，有的還清楚的描述出自己給兔巴哥胡蘿蔔的場景。然而事實是，兔巴哥不是迪士尼樂園的人偶形象，這些受試者根本不可能在那裡遇到它。很明顯，受試者的記憶是虛假的。

羅芙托斯教授依據實驗指出，**記憶的輸出過程，並非被動的複製原來儲存的訊息，而是在此過程中進行了主動的重組。因此，人類的記憶是不可靠的，存在「造假」現象。**

2主試：實驗者，即主持實驗的人。

究竟是什麼導致了「造假」現象呢？這和個體的特性，以及周圍存在的暗示因素有關。研究顯示，那些易受暗示的個體，極易出現虛假記憶。這也是羅芙托斯教授經研究發現的。

從一九七五年開始，羅芙托斯教授用三年的時間，進行了關於誘導性提問對個體出現虛假記憶的影響。在實驗中，主試向三組受試者出示汽車交通事故的畫面，然後分別用三種問句對三組受試者進行提問（見下表）。

從表格可以看出，儘管受試者觀看同樣的影像，但因為提問方式存在著差別，獲得的答案也不同。

這一實驗和前文提到的兔巴哥實驗

	提問	回答
A組	您剛才看到兩輛汽車開著開著，然後「碰」的一聲**猛烈相撞**的影片吧？依你看汽車駕駛的速度估計有多快？	90公里／小時
B組	您剛才看到兩輛汽車開著開著，然後「碰」的一聲**撞到**的影片吧？依你看汽車駕駛的速度估計有多快？	65公里／小時
C組	您剛才看到兩輛汽車開著開著，然後**輕輕擦撞到**的影片吧？依你看汽車駕駛的速度估計有多快？	50公里／小時

告訴我們，人類是極易產生虛假記憶的。即便處於相同的情況下，由於個體的圖式不同、認知因素以及周圍的環境、誘導因素的不同，導致記憶重組的時候出現錯誤。而這種錯誤並不為個體承認，甚至個體對自己存在的錯誤深信不疑。

需要注意的是，**當個體處於強大的心理壓力中時，倘若外界給予其暗示或誘導，個體更容易在重組自己的記憶內容時，出現虛假記憶。**而這又涉及個體的人格特質等，在此不做更為詳細的闡述。

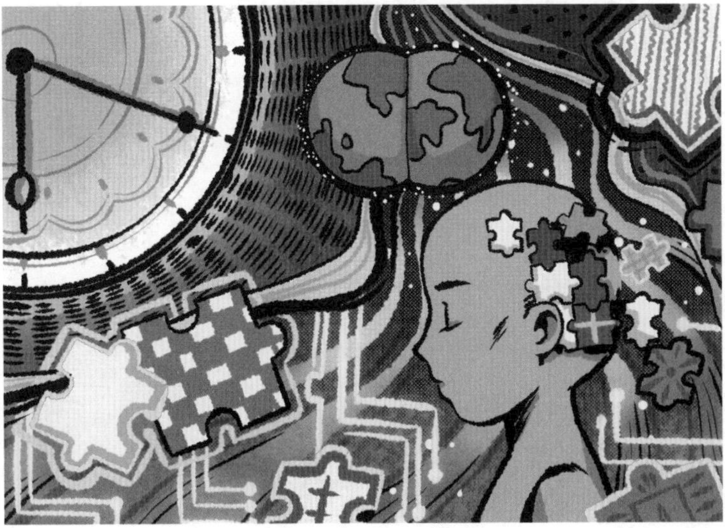

02 真相只有一個，記憶卻非如此

記憶是對過去經歷的事件的儲存和提取。虛假記憶作為記憶的一種，儘管體現了它具有虛假性的特點，但同樣具備了記憶作為「儲藏室」的功能。

當虛假記憶出現在自己或他人身上時，既不能將其歸結為簡單的猜測或遺忘，也不能一廂情願的認為是自己或他人在人為的杜撰，而是要科學分析、正確對待，如此才能避免虛假記憶引發的負面影響。

虛假記憶輕則導致誤會的產生，重則毀掉一個人的一生。因此從事證人記憶研究多年的心理學教授加里．威爾斯（Gary Wells）提醒人們，**證人、證言並非在任何時候都是可靠的。**

比如當真凶並不在被辨認的隊列中時，證人往往會因為暗示的影響，基於虛假記憶，而從中選出長得最像真凶的那一個。羅納德・卡頓（Ronald Cotton）就是虛假記憶的受害者。

被記憶竄改的人生

一九八四年七月，二十二歲的羅納德・卡頓突然成了強姦犯，戴著手銬和腳鐐，被送入北卡羅來納州（State of North Carolina）的中央監獄。對羅納德來說，這一切的發生都是噩夢。而噩夢的開始，源自於二十二歲的女學生珍妮佛・湯姆森（Jennifer Thompson）的指控。

珍妮佛於七月二十八日晚被闖入家中的陌生男子強姦。在驚慌和恐懼之中，珍妮佛努力記住了對方的臉部細節，並在成功逃脫後，向警方報案。警方依據珍妮佛的描述，繪製了一幅罪犯的畫像。隨後，員警找到一些與畫像相像的犯罪嫌疑人，並將他們的照片送到了珍妮佛的面前，供她辨認。而羅納德的照片就是其中之一，因為案發時，他恰好在附近的一家餐館工作，加上他少年時期曾有性侵害之犯罪紀錄。

案發三天後，珍妮佛在警察局努力回憶著記憶中罪犯的臉部特徵，努力辨認著擺在面前的六張照片。她仔細的研究每一張照片，並與自己印象中的罪犯的臉部細節一一比對。五分鐘之後，她將手伸向羅納德的照片，並指認羅納德就是強姦犯。

與此同時，羅納德也因為在接受員警盤問時，在回答有關事發當天的一些問題時，記錯了一些情況，進而被認定在撒謊，被警方拘留，並接受真人辨認。站在一排犯罪嫌疑人中間，羅納德一掃此前的「白天不做虧心事，半夜不怕鬼敲門」的自信，不但害怕，而且緊張，全身發抖。他不知道自己是不是那個倒楣鬼。然而，在偵訊過程中，他隨著「向前走、講話、走回去」的指令，一一做出相應的動作後，再次被珍妮佛指認為罪犯。

此後，在長達一週的審判中，羅納德努力向陪審團證明自己無罪。碰巧的是，除了人證，還出現了物證。那就是羅納德在案發當天穿的衣服，和珍妮佛描述的一樣，而他的鞋子上沾著的一小塊泡沫，也和珍妮佛公寓地板上的一小塊泡沫看上去相當相似。最終經過四十分鐘的討論，陪審團一致裁定羅納德有罪。

羅納德辯無可辯，無可選擇的被送到監獄服刑。在漫長的服刑開始時，他處於極度絕望中，但他不甘心就這樣度過一生，不斷告訴自己堅持下去、不斷尋找機會證明自己無罪。在最初的七年中，雖然不斷失望，但他仍持續寫信給律師，希望能夠翻案。

機緣巧合，這天監獄來了一名新犯人博比·普爾（Bobby Poole）。普爾和羅納德長得特別像，甚至因為長得相像，兩人多次被他人弄混。這讓羅納德開始懷疑普爾才是真正的罪犯，因為普爾是以強姦罪名被判入獄的。

隨後，羅納德從獄友處獲知，普爾自己承認強姦了珍妮佛。羅納德的內心再次燃起希望之光，他要求重審他的案件。然而，當他和普爾一起接受珍妮佛的指認時，珍妮佛竟然再一次指認羅納德是罪犯，甚至為他試圖翻供而憤怒不已。就這樣，羅納德不但沒能翻案，刑期還因此被改為兩個無期徒刑。

一九九五年，已經快四十歲的羅納德仍不斷關注類似的案件，同時也獲知科技的發達，使DNA[3]鑑定成為發現並確認罪犯的手段。他的內心再一次燃起希

3 Deoxyribonucleic acid，去氧核醣核酸。

望，寫信給自己的律師——法學教授里奇．羅森，請求他為自己申請做DNA檢測。羅森並不看好他的想法，認為他的做法是徒勞的。不過，羅納德卻充滿信心。結果，DNA檢測證明，羅納德是無辜的，真正的罪犯是普爾。

既然羅納德是無辜的，為什麼珍妮佛幾度指認他是罪犯？罪魁禍首就是虛假記憶。受害者珍妮佛在極度恐懼中，記住了罪犯的一些面部細節，這些細節以零碎訊息的方式，進入她的頭腦儲存起來。當她面對六張照片時，她自然而然的會從頭腦中調取相關的訊息，並依據這些訊息，對指定的罪犯進行辨認。

在辨認過程中，她借助於情景建構，加上特定情境下的暗示，錯誤的指認了羅納德。在第一次真人辨認時，珍妮佛同樣基於此前的經驗，選中了羅納德，並在虛假記憶的影響下，再次獲得心理暗示，堅信自己「選對了」。順理成章，她指認了羅納德就是罪犯。

特定的環境和無形的心理暗示，加上珍妮佛在情境建構時出錯，讓羅納德被指認為罪犯。當然，羅納德和普爾在一起接受辨認時，珍妮佛之所以無視兩人的相像，仍舊固執的認定是羅納德，則是由於她對羅納德質疑其辨認能力的憤怒，為了維護自己的自尊，從而在主觀情感的影響下，做出非理性的判斷。

當羅納德沉冤昭雪時，人們為他逝去的十一年時光而感到難過，當事人珍妮佛更是內疚得無以言表，但我們除了嘆息虛假記憶的可怕，唯一能做的就是希望人們在現實生活中，正視虛假記憶的存在，理性分析問題，而不要在它的影響下鑄下大錯，給他人造成傷害，給自己留下遺憾。

大腦創造的虛假記憶

其實，除了一些典型的案件，在日常生活中，虛假記憶造成的人際糾紛也不勝枚舉，甚至因為虛假記憶影響了良好的人際關係，傷害了彼此的感情，造成雙方的痛苦。

經過三年的愛情長跑，娟子和李剛終於修成正果，步入婚姻殿堂。在單親家庭長大的娟子，做事周全細心，但性格非常敏感；李剛是家中的獨子，從小受到父母的細心呵護，尤其是李母，對兒子倍加疼愛。愛屋及烏，對於媳婦，李母也同樣疼愛有加。可是，生活本身就是柴米油鹽醬醋茶，人與人相處，怎麼可能不發生摩擦呢？

那天，剛參加完鄰居兒子婚禮的李母回到家中，一邊揀菜，一邊和媳婦娟子聊天。李母說：「那個老張家，也真是小氣，媳婦進門，竟然都沒給改口費[4]。」娟子笑了笑，說：「也不一定非要給改口費吧？」李母：「一定得給呀，不然就失禮了。結婚多大的事呀！妳看我們，一向不差這些禮節。妳忘了，妳和李剛結婚，我就給了妳人民幣八百八十八元[5]的改口費。」

娟子一臉驚訝，張了張口，低頭默默揀菜，什麼話也沒說。當天晚上，娟子問李剛：「我記得我們結婚時，媽給的改口費不是八百八十八元呀？」粗線條的李剛不以為然的說：「給多少都無所謂了，反正媽平時對我們也好，現在不也常補貼我們嘛。」娟子鬱悶的說：「我不是計較錢，只是覺得應該實事求是。」

改口費的事沒過多久，李剛的小姨[6]和表妹來家裡做客。聊天時，小姨討論著表妹第一次去男友家，應該買些什麼禮物。表妹說想為未來的公婆買衣服，李母一聽，連忙阻止：「千萬別買衣服，妳就買吃的。妳嫂子第一次來我們家的時候，就買衣服給我。那衣服看上去就知道不便宜，可是我穿起來又肥又胖。」一邊說，李母一邊活靈活現的描述當時自己試穿時娟子的尷尬。

在廚房準備午餐的娟子聽到，氣得臉漲得通紅，一頓飯沉默不語。晚上，娟子免不了又生氣的對李剛說，自己當時根本沒買衣服，是買披肩，當時試穿時，大小合適，特別時髦。李剛免不了又是對妻子一陣安慰。

同樣的事情發生的次數多了，沒問題也會引發問題。娟子終於在一次李母再度談起類似的話題時，爆發了。她生氣的將每一件事細細道來，指責婆婆說話沒有實事求是。

李母一聽，這可不得了，媳婦就差直接挑明說自己撒謊，於是堅持自己說的都是真的。最終，婆媳兩人誰也說不過誰，鬧得不可開交。

清官難斷家務事，但遇到了喜歡鑽牛角尖的人，這事也得弄清楚，不然婆媳兩人是沒辦法相處了。李剛想到了結婚時的錄影，就拿出來確認。有圖有真相，

4在中國結婚有一個傳統的環節就是「敬茶」，新人跪地向雙方父母敬茶，父母們則為兩人準備一個大紅包，俗稱「改口費」，寓意著從此成為一家人，兒媳女婿要改口叫對方父母為爸媽。

5人民幣兌新臺幣的匯率，本書以二〇二三年十一月二十七日，臺灣銀行公告之匯率四·四七元為準，此約新臺幣三千九百六十九元。後續若無特別註明幣別，皆是指人民幣。

6年紀最小的阿姨。

李母的確給了改口費，只不過不是八百八十八元，而是六百六十六元。李母仔細回想，當時自己原本要給八百八十八元，但考慮到其他地方也需要用錢，就改給六百六十六元，也是隨大流[7]。至於娟子送的衣服，找來找去也沒找到，卻找到了娟子說的那件披肩。真相大白時，婆媳兩人都很不好意思。

是婆婆無理取鬧嗎？當然不是，這都是虛假記憶惹的禍。相同的情境，讓婆婆調取海馬迴中的記憶碎片，進行記憶再造，結果陰錯陽差就出了錯。就這樣，虛假記憶讓家庭起波折，讓婆媳關係蒙上了陰影。

不只在家庭中，朋友或同事之間也會因為虛假記憶引發誤會，進而產生矛盾。這種事情在職場並不少見。

馬麗和蘇珊是同一批進入公司的員工，也是同一批轉正的。馬麗是急性子，蘇珊是慢郎中。如此性格截然不同的人，在一起經歷了實習期的考驗及轉正後的努力，建立起了相較於前輩和後繼者們更深的友情。然而因為一件事，讓她們產生了信任危機。

由於表現優異，公司開發新專案的時候，馬麗和蘇珊都進入專案組，成為核心成員，被組長委以重任——負責整理專案資料，做好相關的紀錄，與客戶溝通。接下來，無論是大會、小會，還是組員間進行頭腦風暴，兩個人都忙得不亦樂乎。就算是再忙，兩人還是每隔一段時間就將相關紀錄整理好，建檔備案。這樣一來，無論需要查找哪份紀錄或資料，她們總能快速、準確的找到，及時上交。看到她們配合有默契、工作細心，組長還特地表揚她們。兩人為此特別高興。

在忙碌了一段時間後，馬麗生病了，並在一天下午提前下班去醫院檢查。蘇珊留下來做收尾工作。專案組的其他成員也在各自的崗位上忙碌著。就在蘇珊也準備回家時，組長打電話來，要調取專案甲、乙雙方負責人簽字確認的會議紀錄，而且反覆叮囑蘇珊找到後放在他的辦公桌上。蘇珊連忙回到座位上，尋找紀錄。然而，協調會紀錄並沒有在標明時間的資料夾中。究竟在哪呢？自己明明當時給了馬麗的。蘇珊很著急，連忙打電話給馬麗。

電話響了好久，馬麗才接起來。蘇珊來不及問候她看病的情況，急切的詢問協調會紀錄放在什麼地方。馬麗想了想說，紀錄是蘇珊放的，她沒動過。蘇珊急了，她清楚的記得自己親手將紀錄交給了馬麗，還特別叮囑她這份紀錄特別重

7 跟著大多數人說話或做事。

要，要小心放好。情急之下蘇珊一掃平時的輕聲細語，生氣的說：「妳仔細想，當時就在妳的辦公桌前，我把紀錄交給妳，要妳馬上收起來。妳還一邊吃著巧克力，一邊笑嘻嘻的說不急，等妳吃完巧克力。」

馬麗想了想，還是堅持紀錄是蘇珊收的。蘇珊生氣的說：「我記得我催妳收起來時，李姐剛好泡咖啡回來，還問妳喝不喝呢。」然而，無論蘇珊怎麼說，馬麗堅持自己沒收協調會紀錄。蘇珊氣壞了，大聲的說：「出了問題，我們一起想辦法解決，而不是推卸責任。」隨後就掛斷了電話。

就在蘇珊苦思冥想，協調會紀錄究竟在哪時，馬麗回到了辦公室，她一言不發的走到自己的辦公桌前，將抽屜的物品一一取出給蘇珊看。接著，她示意蘇珊也打開自己辦公桌的抽屜檢查。結果，蘇珊驚訝的看到，那份協調會紀錄，就在自己抽屜最下面用資料袋裝著。

將紀錄放在組長辦公桌後，蘇珊出來找馬麗。同事告訴她，馬麗是從醫院搭車回來處理事情的，現在又回醫院打針了。蘇珊內疚極了。在趕往醫院的路上，她苦思錯誤出現的原因，自己明明記得將協調會紀錄交給了馬麗，為什麼會在自己的抽屜裡？究竟在什麼環節出錯？

實際上，造成蘇珊記憶錯誤的根本原因，還是在於虛假記憶。由於內心認定協調會紀錄是馬麗收起來的，於是蘇珊在回憶的過程中，下意識的受到這種心理暗示，自然而然的進行了記憶重組，建構了錯誤的情境，導致誤解了馬麗。

這件事後來經過解釋，馬麗原諒了蘇珊，兩人和好如初。不過這件事再次提醒我們，**記憶本身就是一種創作過程，在某種程度上，我們對一件事記憶得越多，這段記憶就會變得越不精確**，甚至成為了自身意志或心理的某種體現，而非關於實際發生過的事情的回溯。所以，在回憶往事時，最安全的處理方式就是能**理性而客觀的分析問題**，而不是想當然的認為自己是對的、他人是錯的。只有我們以客觀的態度對待事情，才能避免被虛假記憶矇騙，進而避免給自己帶來遺憾，給他人造成傷害。

第二章

瓦倫達效應：
越在意越容易搞砸

在生活中，我們經常看到一些人看似漫不經心的行事，結果卻能達成所願，相反，一些人為達到目的費盡心機，結果卻事與願違。於是有了「有意栽花花不發，無心插柳柳成陰」的俗語。

實際上，這看似平常的現象，背後卻隱藏著一個心理學效應——「瓦倫達效應」（Karl Wallenda Effect）。它提醒我們，**放鬆心情更容易收穫成功。倘若總是患得患失，極有可能願望成空。**

01 目的性越強，越不容易成功

瓦倫達家族以走鋼絲而聞名。數代瓦倫達家族的成員，都以行走在鋼絲上成就了自己的名氣，也獲得了世人的讚譽。其中，卡爾．瓦倫達（Karl Wallenda）是最厲害的那個，他被譽為「走鋼絲之王」。

早在瓦倫達六歲時就踏上了走鋼絲表演之路，他創造了無數的紀錄。他走在纖細的鋼絲上，步伐輕盈，如履平地。一九七八年三月二十二日，瓦倫達收到了一個挑戰：走過設在兩棟十層高樓之間的鋼絲。這是一次難度相當高的表演，屆時會有很多美國知名媒體圍觀報導，更會進行全球直播，一旦成功，瓦倫達不但可以獲得巨額收益，而且會極大的提升其在美國的影響力，甚至揚名海外。

瓦倫達非常重視這次挑戰，甚至為了讓表演更刺激，他主動撤掉了保險繩索，要在無保護措施的情況下走鋼絲。他對自己的技能相當有自信，確信自己可以百分之百獲得成功，要知道，他從小到大從不曾出錯。

一切都是那麼順利，但在臨上場前，瓦倫達開始患得患失，為此他不停的告訴自己：這次表演太重要，不能失敗，絕對不能失敗！帶著這樣的心態，瓦倫達的表演開始了。他相當輕鬆的走到了鋼絲中間，並表演了兩個難度不高的動作。然而，意外就發生在一瞬間，瓦倫達突然從三十七公尺的高空跌落，當場死亡。

事後，瓦倫達的太太說，自己對於這種結果早就預料到了，因為瓦倫達在出場前一直強調這次演出相當重要，絕不允許失敗。這種表現非同尋常。以前，無論進行哪次演出，他都只專注於走好鋼絲，從不曾去設想演出一旦失敗所導致的後果。

心理學家分析瓦倫達失手的原因，就在於他過於患得患失，過於看重結果，而不能讓自己保持平常心，無法專注於表演的過程。由於心中存在著過多的雜念，導致他無法正常發揮原有的技術和能力。從此，這種**因患得患失而導致失敗的現象，就被稱為「瓦倫達效應」。**

造成「瓦倫達效應」的根本原因是什麼？二十世紀初，美國心理學家羅伯特．

耶基斯（Robert M. Yerkes）與約翰・迪靈漢・多德森（John Dillingham Dodson）發現，生活和工作中的事情，人們越力求盡善盡美，越努力，結果往往越事與願違。這究竟是為什麼呢？於是他們合作，針對人們的這一行為展開了研究，進而揭示了「瓦倫達效應」背後的心理學本質。

由於受到倫理的約束，他們無法用人類進行相關的實驗，於是選擇老鼠作為研究對象。他們讓老鼠處於飢餓狀態，要在完成任務後才給予食物，同時記錄老鼠在完成任務過程中的反應。

結果發現，隨著飢餓程度的不同，老鼠完成任務的表現曲線，由一開始的增長，繼而下降，最後恰好構成一個倒「U」字形狀，即**動機強度並非越高越好，在達到最優之後，更高的動機強度反而帶來績效的下降**。

隨後，他們將這一發現先後在神經外科醫生、卡車司機和藝人等人類群體中進行印證。結果表現相同。由此，他們提出著名的耶基斯—多德森定律（Yerks-Dodson law）。這一定律表明，各種活動都存在一個最佳的動機強度。動機不足或過分強烈，都會使工作效率下降。

研究還發現，動機的最佳強度依任務性質而異。在比較容易的任務中，工作效率隨動機強度的提高而上升；隨著任務難度的增加，動機的最佳強度有逐漸下降的趨勢，也就是說，**在難度較大的任務中，較低的動機強度有利於任務的完成。**

繼耶基斯與多德森透過動機強度與工作效率的研究，提出耶基斯—多德森定律後，奧地利心理學家雷蒙·阿隆（Raymond Aron）對「瓦倫達效應」反映的心理問題也進行了深入的研究。

運動心理學家約翰·艾略特（John Eliot）在他的《腦袋革命變超人》（*Overachi-evement*）中說：「沒有什麼比它更能阻礙取得成功所必需的專注，它就是過於擔心結果。」而雷蒙·阿隆則透過相關實驗結果，提出了「目的顫抖理論」，論證了這個心理學效應要反映的問題：**目的性越強，越不容易成功。**

目的顫抖，由於採用了為縫衣針穿線的實驗方式，因此又叫穿針心理。實驗中，心理學家請受試者給小小的縫衣針穿線。結果發現，受試者越是全神貫注的努力，線越不容易穿入。分析這一實驗結果，心理學家指出，當個體的動機性過強時，其所有的心思均專注於要達到的目的上，結果就會形成患得患失的心理，導致對未知結果莫名的恐懼，以至於不是讓目標成為前進的動力，反而成為前進的巨大牽累，羈絆著個體的手腳，導致個體無法專注於達成目標的過程，最終導致失敗。相反，**當個體忘掉自己的動機時，就會進入最佳狀態，從而極易實現預期目標。**

動機強度適中，效率才最大化

「瓦倫達效應」提出後，針對這一心理效應，心理學家進行了大量的相關研究，並由此提出了一系列的心理學發現。美國心理學家耶基斯和多德森，深入剖析了「瓦倫達效應」背後的心理本質。

耶基斯在智力測試和比較心理學領域相當著名。他出生於美國賓夕凡尼亞州伊夫蘭（Ivyland, Pennsylvania）附近的布萊迪維爾（Breadysville），成長於一個鄉間農場。艱苦的農村生活，磨練了他的心志，也促使他離開那裡，產生了成為一名醫生的強烈動機。

後來，在叔叔的資助下，耶基斯進入烏爾辛納斯學院（Ursinus College）學習。一八九七年畢業時，他面臨著進入哈佛大學（Harvard University）攻讀生物學研究所，或到費城進行醫學培訓的兩難選擇。最終，他選擇去哈佛大學攻讀生物學研究所。

在哈佛大學學習期間，他對研究動物行為產生了濃厚的興趣，為此他推遲了進一步的醫學訓練，特地去心理學系學習比較心理學。一九〇二年，耶基斯獲得心理學博士學位。從哈佛大學畢業之後，他選擇留校擔任比較心理學講師和助理教授。

在此期間，為了解決經濟困難，他不得不在拉德克利夫學院（Radcliffe College）和波士頓精神病醫院兼職。繁忙和緊張的工作，也為他的心理學研究提供了實踐基礎。正是在此期間，他發現了動機和效率問題，並遇到了他的朋友，也是合作者——未來行為主義者多德森。

多德森於一八七九年出生，大學畢業後進入哈佛大學攻讀碩士學位，後又進入明尼蘇達大學（University of Minnesota）心理學系攻讀博士，並成功獲得博士學位。當他與耶基斯相識後，共同的關注點和研究內容，將他們聯繫起來。隨後，兩人合作以老鼠為實驗對象，共同展開了對動機和習慣之間關係的研究。一九〇七年，他在其專著《跳舞的老鼠》（*The Dancing Mouse*）中介紹這一研究成果。第二年，耶基斯和多德森提出了壓力和表現之間的一種經驗關係的研究結論。

後來，心理學家們將這一規律稱為「耶基斯—多德森定律」，或者「倒U形假說」。它指出，中等強度的動機最有利於任務的完成。意即**當個體的動機強度處於中等水準時，其工作效率最高**，一旦動機強度超過了這個水準，反而會對個體行為產生一定的阻礙作用。

這一定律解釋了瓦倫達悲劇產生的原因，也提醒我們在工作和生活中，要注意克服「瓦倫達效應」的影響，保持良好的心態，方能達到預期的目的。

02 關注過程，不要太在意結果

他是一位天才的數學家，他過人的才華震驚了全世界。他也是一位古怪的數學奇才，相較於天才，更加令人難忘的卻是他傳奇的經歷和古怪的行為。他就是格里戈里·佩雷爾曼（Grigori Perelman），一位淡然前行，卻收穫驚人成就的數學家。

愛數字不愛錢的數學天才

一九六六年六月十三日，佩雷爾曼出生於俄羅斯的列寧格勒（今聖彼德堡市

〔St Petersburg〕）的一個猶太家庭。這是一個學術世家，他的父親雅科夫・佩雷爾曼（Yakov Perelman）是著名叢書《趣味物理學》（*Physics for Entertainment*）的編者，母親則是一位數學家。

在母親的影響下，佩雷爾曼和妹妹都愛上了數學，走上了數學研究之路，成為著名的數學家。而佩雷爾曼更是早早就表現出異於常人的數學天分。四歲時，當其他同齡的孩子還在嬉戲打鬧時，他的全部注意力已經被數學這個神奇的領域所吸引，沉浸於數學世界之中。

或許是由於家庭的影響，當佩雷爾曼進入列寧格勒第二三九中學時，可以說他實質上已經是一位數學家了。他為人彬彬有禮，做事循規蹈矩，沉默寡言，彷彿一直處於思考之中。

造就他這一特點的，除了家庭氛圍的影響，還由於他將數學當作了自己的生活方式，任何人若想走進他的世界，首先就要明白他所談論的內容。而要做到這一點，實在太難了。這就造就了佩雷爾曼勢必成為一個與眾不同的人，也決定了他必定極難交到朋友，甚至可以說交不到一個朋友。

一九八二年，十六歲的佩雷爾曼在布達佩斯（Budapest főváros）舉行的數學奧林匹克競賽上以滿分獲得一枚金牌時，他表現得那樣淡然和無所謂；當他拒絕美國耶魯大學（Yale University）提供的，一套住房和二十萬美元[1]的獎學金時，表現得乾脆爽快，讓相當多的人震驚於他的淡然，刷新了太多人關於名利的看法。不過，這也同時開啟了他在數學之路上的成功之門。

隨後，他進入列寧格勒國立大學（現改名聖彼得堡大學）數學和力學系學習，不但獲得全優的成績，還獲得列寧獎學金。大學畢業後，他進入斯捷克洛夫數學研究所列寧格勒分部的研究生班，跟隨數學家亞歷山德羅夫（Pavel Sergeyevich Aleksandrov）院士進行數學研究，並在通過博士論文答辯後，成為該研究所的一員。

一九九一年，伴隨著蘇聯的解體，佩雷爾曼的父母也分道揚鑣，佩雷爾曼和母親選擇留在俄羅斯，而他的父親和妹妹則選擇了離開。家庭的變故讓原本沉默的佩雷爾曼變得更加孤獨，對世事也更加淡然。

一九九一年，在數學大師米哈伊爾·格羅莫夫（Mikhaïl Leonidovitch Gromov）的介紹下，佩雷爾曼參加了在美國東海岸舉辦的幾何節。在這次活動中，佩雷爾曼獲得了去美國紐約大學（New York University）庫朗數學研究所（Courant

Institute）做訪問學者的機會。三年後，年僅二十八歲的佩雷爾曼就在國際數學大會上做了分組報告。這種分組報告是數學界極具分量的報告，能在國際數學大會上受邀進行分組報告，絕對是數學家個人實力的證明。

一九九六年，佩雷爾曼憑著自己在工作上的成就，獲得了歐洲數學學會頒發的青年數學家獎，這個獎項的頒發對象是針對三十二歲以下的數學家，是歐洲頂尖數學獎。然而，佩雷爾曼對這一獎項的回應是——拒絕領獎，而且放棄了一大筆獎金。這可是此獎項自設立以來絕無僅有的事情。

如此視名利如糞土，這位數學家究竟關注什麼？數學研究。

沒錯，這就是佩雷爾曼感興趣的東西。當其他人都忙著討論名利時，這位天才的數學家正沉浸於「龐加萊猜想」（Poincaré conjecture）——數學界的七大猜想之一——的鑽研之中。

顧名思義，「龐加萊猜想」是由最偉大的數學家之一的龐加萊（Jules Henri

1美元兌新臺幣的匯率，本書以二〇二三年十月十九日，臺灣銀行公告之匯率三二．六元為準，此約新臺幣六百五十二萬元。

Poincaré）提出的。經過龐加萊的多次擴展，這一猜想的難度不斷升級，讓許多致力於破解它的數學界人士望「其」興嘆。一九六〇年，數學家史蒂芬・斯梅爾（Stephen Smale）以及後續的數學家都試圖證明這一猜想；一九八二年，美國數學家密爾頓・傅利曼（Milton Friedman）以及英國數學家西蒙・唐納森（Simon Donaldson）也曾對其加以證明。

然而，「龐加萊猜想」仍舊沒能被全部破解。後來，美國數學家理查德・哈密頓（Richard Hamilton）提出解決這一猜想的新工具——「瑞奇流」（Ricci flow），並發現運用這一方法，產生了奇點——密度無窮大的點，要想破解「龐加萊猜想」就需要解決奇點問題。於是，研究又陷入了困境。

就在這時，佩雷爾曼也將目光投注到了這裡。實際上，早在美國做訪問學者期間，佩雷爾曼就對「龐加萊猜想」充滿了濃厚的興趣，還曾去聽過哈密頓的講座，當面向他請教。然而收效甚微，於是佩雷爾曼就順著自己的思路開始了探究。為了完成這項研究，他在結束訪學回到俄羅斯後，乾脆消失於人群中，靠著母親微薄的收入，專注研究，過起了隱居的生活。

二〇〇二年，佩雷爾曼將自己針對「龐加萊猜想」所寫的三篇論文，貼到了網路，並用電子郵件的形式通知數學界的一部分人，請他們幫忙驗證其合理性。兩年後，佩雷爾曼受邀前往美國，對其研究結果進行講解。

但不同於眾多成功者的高調出行，他的出行甚至可以說是悄無聲息，因為他拒絕接受任何媒體的採訪，而且也不曾正式宣布自己證明了「龐加萊猜想」。有人甚至不乏惡意的揣測，他是為了美國麻省克雷數學研究所（Clay Mathematics Institute）特地為此設立的一百萬美元的獎金而來，面對世人的紛擾，他沉默以對，卻在回到俄羅斯後丟下一句「我無須什麼來證明我的成就」，便辭去了工作，辭職後，他斷絕和同行的一切來往，告別了塵世喧囂，隱居到聖彼德堡的鄉下。

佩雷爾曼消失以後，眾多數學家們開始逐行解讀他的論文。最終，三個核心團隊付出了三年的時間，在完成對佩雷爾曼最初的三篇論文的數百頁的標注解析版後，於二〇〇六年宣布，佩雷爾曼破解了「龐加萊猜想」。當年，國際數學聯盟決定將數學界的諾貝爾獎「菲爾茲獎」頒給佩雷爾曼。可是面對如此巨大的榮譽，佩雷爾曼仍舊淡然處之。在聖彼德堡的家中，不修邊幅的佩雷爾曼以禮貌的態度接待了世界數學家聯盟主席約翰·波爾爵士（Sir John Macleod Ball），卻拒絕出席大會，也拒絕了該獎項的七千美元的獎金。

難道佩雷爾曼生活優越到了如此地步？其實不然。在佩雷爾曼看來，與其去接受什麼獎金，被媒體轟炸，不如吃著粗簡的食物，做自己喜歡的數學研究工作。結果當年的國際數學大會上，頒獎的西班牙國王只能頒獎給一張模糊的照片。

無奈之下，為證明「龐加萊猜想」提供一百萬美元獎金的美國克雷數學研究所，不得不安排專人，不遠萬里，幾番尋找，最終將領獎通知送達佩雷爾曼的家。令人意想不到的是，佩雷爾曼竟然為了拒絕，搬家離開了。

搬家後的佩雷爾曼去哪呢？據說，他搬到了一個棚舍裡，這裡與一個貧民窟相鄰。儘管佩雷爾曼一心追求歸隱，無奈盛名在外，還是不斷有人慕名前來。就在佩雷爾曼因為平靜的生活被打擾而不勝其煩時，貧民窟的流浪漢卻嫉妒極了。在他們眼裡，佩雷爾曼並不比自己高貴，同樣邋裡邋遢，最多算是一個文明些的乞丐，為什麼會獲得那麼多人的追捧？最後，他們在某天夜晚來向佩雷爾曼討教「祕笈」。

佩雷爾曼在弄清楚他們的目的後，笑著指指天上的月亮，對這些人說，他會將祕訣告訴那個能追到月亮的人。當氣喘吁吁、一無所獲的流浪漢回到佩雷爾曼面前時，佩雷爾曼笑著告訴他們，其實答案就在眼前。他讓這些人慢慢向前走，結果這些人發現月亮就偷偷的跟在自己的身後。

看到這些人百思不得其解的樣子，佩雷爾曼告訴他們，世界上好多事都是如此，你越求之心切，**越患得患失，反而越得不到它。而當你心無旁騖的趕自己的路時，它卻會緊緊的追隨著你。**

實際上，佩雷爾曼道出了成功的重要前提：**平和的心態**。這不但是他破解「龐加萊猜想」的重要原因，也是他能在數學上取得一系列成就的原因。佩雷爾曼的這句話恰好證明了「瓦倫達效應」：**與其患得患失招致失敗，不如將結果交給未來，一步一步向前，做好當下的事情。**

投資，態度比智商重要

華倫．巴菲特（Warren E. Buffett）憑藉從一百美元起家到獲利四百七十億美元財富的投資神話，成為股民們心目中神一樣的存在，被喻為「當代最偉大的投資者」、「華爾街股神」。為了能與他共進一餐，取得「真經」，有的人不惜豪擲巨資。

那麼，巴菲特為何能獲得如此高的成就？讓我們從巴菲特的經歷看起。

一九三〇年，巴菲特出生於美國內布拉斯加州（State of Nebraska）的奧馬哈（Omaha），是家中獨子。很小的時候，他就表現出數學上的天分。十一歲時，他就購買了人生的第一支股票——以每股三十八美元的價格，購買了三股廣受歡迎的城市服務優先（Cities service preferred）股票，最後以每股四十美元的價格拋出，賺到了五美元，因此被譽為少年天才。此後，他開始關注股票市場的變化，計算以有利的平均價格買進，或以高於平均的價格賣出股票，並且，他已經意識到，他對股票市場的預估要比其他人敏銳得多。

十六歲時，巴菲特就揚言自己要在三十歲前成為百萬富翁。十七歲時，巴菲特從伍德羅·威爾遜高中（Woodrow Wilson Senior High School）畢業。儘管此時他對股票市場的研究還處在「自己動手畫股價圖」的階段，但他已經積聚了一筆大約六千美元的財富。接著，他召集親朋好友，投資一〇·五萬美元成立了巴菲特聯合有限公司（Buffett Associates, Ltd.），開始專門進行股票投資。

在不到一年的時間裡，他將投資的公司擴展為五家，年底時，資產達到五十萬美元。三十四歲時，巴菲特的個人財富達到四百萬美元，實現了「百萬富翁」的夢想。三十七歲時，巴菲特掌管的資金達到六千五百萬美元。三十八歲時，掌管的資金更是上升至一．〇四億美元，其中屬於他個人的資產有兩千五百萬美元。從八十一歲到八十三歲，巴菲特的淨資產由五百億美元發展到六百零八億美元，在富比士全球富豪榜單上位居第三。

分析上面的數字，我們發現，巴菲特似乎一直在贏利，從不曾遇到敗績。真的如此嗎？

據巴菲特本人披露，二〇〇八年時，由於他未能預估到國際能源價格會在下半年時急劇下降，以至於他在油價接近歷史最高位時，增持了美國第三大石油公司康菲石油（ConocoPhillips）公司的股票，這導致他管理的波克夏．海瑟威（Berkshire Hathaway）公司淨收入下滑六二％，帳面損失達到九．六％，帳面價值損失一百一十五億美元，出現狀況最差的一年。

此外，他還說自己曾出資二．四四億美元，購買了兩家愛爾蘭銀行的股票，結果二〇〇八年底股價狂跌八九％，導致的結果是：「我的投資組合原本想實現一個『便宜的買賣』，但形勢的演變超出想像。當市場需要我重新審視自己的投資決策，迅速採取行動時，我還在啃自己的拇指。」

這兩次投資失利，表示股神也是人，也會有判斷失誤，招致巨額損失的時候。然而，股神卻能在遭受巨大損失之後，重整旗鼓，再創輝煌。這要得益於他過人的心理素質，以及對待成敗得失的良好心態。

二〇一七年一月二十八日，巴菲特與比爾・蓋茲（Bill Gates）在紐約哥倫比亞大學（Columbia University in the City of New York）進行了一次面談。在這次面談中，提到了對失敗的看法。巴菲特將自己學生時代被哈佛大學拒絕，看作人生中最美好的事，「塞翁失馬，焉知非福。別擔心，更別因此患得患失。就這樣向前走，失敗終將隨著時間的流逝而被忘卻。向前走！」這恰好道出了他能於挫折與失敗中獲得成功的根本原因。

世事瞬息萬變。須知，在完成一件事前的任何一個環節，均存在出錯的可能性，均可能導致出人意料的損失。因此，任何人都不能保證自己一生不會遭遇挫折和失敗。而成功者的過人之處就在於他們對待成敗得失的態度。

心理學家採用二十輪拋硬幣的方式，研究成功者的共同特質。參與實驗的受試者，贏的人會獲得二・五美元，輸的人只需賠一美元。實驗初期，參加者的水準都差不多，不存在哪個人有特別的優勢。等實驗進行到第十輪，有的人在決策上表現得越來越保守，決策錯誤的機率大幅度上升。事後分析導致這些人出現這種現象的原因，在於他們開始過多的關注結果，不能讓自己始終專注一致。相反，那些始終保持一貫水準的人，則是由於他們專注於實驗過程，根本不曾擔心和憂慮自己會成為最後的輸家。

由此可見，**如果一個人做事時越注重結果和得失，就越難以發揮其高水準操作，於是就越可能招致失敗**。巴菲特的成功就在於，他關注的是事情的經過，而不是結果。於是在專注的過程中，能讓自己全力以赴，進而避免精力分散引發的不良後果。

想要成功就必須付出代價，這個世界上不存在永遠不失敗的投資者，正是由於巴菲特能將眼光放得更長遠，認為投資不需要太多的智慧，更需要「一種穩定的情緒和態度」，因此，在投資過程中，他能夠冷靜分析，果斷做出或持有或拋售的決策，進而增加了自己的成功機率。這種正確的成敗得失觀，讓他能包容自己犯錯的機會，而經歷過的失敗，又讓他得到了更好的鍛鍊，為其以後的成功做好心理準備。

巴菲特的這種心態，讓他將工作當作了一種樂趣和幸福。二〇〇八年，七十八歲的巴菲特在與大學生對談時，表示「我享受我做的事情，我每天都跳著踢踏舞去工作」。這種對待成敗得失的態度，造就了他獨特的氣質，也向世人驗證了「瓦倫達效應」的深刻意義。

第三章

習得性無助：預設自己做什麼都不行

生活中，經常可以看到很多人一面發出無了無休的抱怨，一面接受現實的不公，安於現狀，得過且過，讓自己的人生過得越來越糟糕，讓一個個原本可以改變的結局發展為理所當然的結果。導致這種狀態的根本原因，就在於他們被「習得性無助」（learned helplessness）心理深深的影響，成為馬汀・塞利格曼（Martin E. P. Seligman）實驗中的那條「狗」。

01 正向心理學由此由生

所謂「習得性無助」，是指人或動物在經歷某種學習後，在情感、認知和行為上所表現出的特殊的消極心理狀態。這一概念是美國心理學家塞利格曼於一九六七年提出的。

無法避免，就逆來順受

實際上，塞利格曼提出「習得性無助」的理論，是在相關心理學者的研究基礎上提出的。而為其研究給予啟示的，就是哈佛大學的理查德·所羅門（Richard

Lester Solomon）、坎明和維恩。一九五三年，所羅門、坎明和維恩利用穿梭箱（shuttle box），以狗為研究對象，展開了一項心理學實驗。所謂穿梭箱，就是一種可以分隔成兩部分的心理學實驗裝置。這種箱子一般由實驗箱和自動記錄列印裝置組成。箱子大小為長五十公分、寬十六公分、高十八公分，箱字底部格柵為可以通電的不鏽鋼棒，在底部中間有擋板，可以將底部分隔成左右兩側，即安全區和電擊區。擋板的高矮可以依實驗的目的進行調整。

實驗開始時，實驗者將擋板的高度設置與狗背高度齊平。在將四十隻狗關入電擊區後，就從格柵箱底部對狗腳發出電擊。在實驗過程中，一旦發現狗學會跳過隔板到達安全區，逃脫電擊，第一階段的實驗就結束，隨之進入第二階段。

第二階段，實驗人員在狗跳入安全區時，同時在安全區的格柵下通電，直到狗跳了一百次後才終止電擊。他們發現當狗從電擊區跳入安全區時，牠們會發出預料可免於電擊的如釋重負的聲音。然而，當牠們在安全區同樣重遭電擊時，牠們就會發出慘叫。

第三階段的實驗中，實驗者用透明塑膠玻璃將穿梭箱分為安全區和電擊區。當狗遭到電擊後，在向另一邊跳躍時，會用頭撞玻璃，出現大便、小便、慘叫、發抖、畏縮、咬撞器材等不同的症狀；實驗進行十到十二天後，這些狗意識到無法逃避電擊，於是不再反抗，表現出逆來順受的態度。

由此，實驗者認為，在穿梭箱兩邊用透明玻璃分開，並對狗加以電擊，可以「非常有效」的消除狗的逃脫意圖。實驗顯示，反覆對動物施以無可逃避的強烈電擊，會造成其無助和絕望的情緒。

無助感不可怕，但持續陷入就會引發憂鬱

一九八〇年代，美國費城天普大學（Temple University）的菲利普·柏希，和另三位實驗人員以老鼠為研究對象，繼續做了「習得性無助」實驗。他們將老鼠放入穿梭箱中，接下來在亮燈五秒內電擊老鼠。經過數次這樣的實驗，老鼠明白在燈亮五秒鐘內將會有電擊發生，只有逃到安全區才能避免傷害。於是牠們學會了在電擊發生前，進入安全區避免電擊。

隨後，實驗進入了下一階段。實驗人員將安全區擋住，然後對老鼠施加比原

先更久的電擊。結果無法逃避的老鼠，開始表現出同樣的逃避危險的舉動，數次後就呈現出一種逆來順受的服從姿態。隨後撤掉安全區的擋板，結果在施加電擊後，老鼠們還是無法很快學會逃避。

完成上述實驗之後，為了測試巴甫洛夫（Ivan Petrovich Pavlov）的「非自願反射動作」（involuntary reflex actions）和「習得性無助」之間是否存在關聯，柏希對三百七十二隻老鼠施以難以忍受的電擊，結果發現「實驗結果並不能很確定『習得性無助』」，因為「一些基本的問題仍然存在」。

繼柏希等人的實驗之後，美國田納西大學（University of Tennessee）的布朗、史斯和彼得斯也用相當長的時間製作了一個特殊的穿梭箱，對金魚進行了相同的實驗，以驗證「習得性無助」理論在水中的適用性。實驗者對四十五條魚做了六十五次電擊試驗，最終獲得的結論是，「所得資料不能對塞利格曼的『習得性無助』學說提供支持」。

此後，「習得性無助」實驗又相繼在貓、猴子身上進行了多次重複，結果也發現了類似的心理現象。由此，實驗人員推測，對於動物而言，「習得性無助」這種心理現象並非是由失敗本身導致的，而是由於牠們對事情不可控性的認知，引發了憂鬱等消極心理。這一發現對於研究憂鬱症有很大的啟發。

然而，在人身上進行這一實驗時，實驗者發現，一旦人發現無論自己如何努力，結果都會失敗時，他就會認為自己無法控制整個局面，進而整個人的精神支柱就此瓦解，鬥志隨之喪失，最終放棄所有的努力，陷入深深的絕望之中。

後來，塞利格曼在相關研究的基礎上，進一步提出了歸因解釋理論：對於消極的人來說，他們認為好的事情僅限於一件特定的事，且好的原因要歸功於外界因素，這種好是暫時的，而由自己造成的、不好的事情則屢見不鮮，且以後會始終如此。對於積極樂觀的人來說情況恰好相反，他們認為所有的好事均歸功於自己，且以後會經常發生，任何糟糕的事情大都是由環境因素造成的，僅此一次，再也不會發生。

幸福有公式可循

提到「習得性無助」，就必然會提到塞利格曼。這位美國心理學家、作家、教育家、理論家，因研究「習得性無助」而出名，更以「正向心理學之父」的稱號馳名心理學界。

塞利格曼一九四二年出生於美國紐約州奧爾巴尼（Albany）。兒時，塞利格曼喜好運動，尤其鍾愛籃球運動。十三歲時，由於無法加入籃球校隊，他失去了對籃球的興趣，繼而從書籍中找到了快樂。在大量且廣泛的閱讀中，他首先接觸了心理學家佛洛伊德（Sigmund Freud）的《精神分析引論》（*Introductory Lectures on Psycho-Analysis*），書中的內容給他留下了深刻的印象，也埋下了心理學的種子。

高中畢業之後，塞利格曼以優異的成績進入了普林斯頓大學（Princeton University）的哲學系，並最終於一九六四年憑藉最優等的成績，以哲學學士的身分畢業。在大學就讀期間，塞利格曼進一步了解心理學，這個神祕的領域深深的吸引了他。從前埋下的那顆種子開始萌芽。

大學畢業之後，他又進入賓夕法尼亞大學（University of Pennsylvania），師從所羅門，開始了實驗心理學的學習。在此期間，他除了研究狗在遭受無可避免的電擊時的被動表現外，還對學習的理論進行反覆檢驗和深入探討，並在此基礎上，提出了動物的學習與其活動無關。這就是「習得性無助」的思想。

一九六七年，塞利格曼獲得哲學博士學位，並受聘於康乃爾大學（Cornell University），成為一名教師，正式開始其職業生涯。一九七〇年，經過三年歷練的塞利格曼回到母校賓夕法尼亞大學，在精神病學系進行為期一年的臨床培訓，並於一九七一年重返心理學系，成為一名副教授。

五年後，塞利格曼憑著自己的學業成就，晉升為教授。正是在精神病學系培訓和執教的這段時間，塞利格曼開始專注於當年博士期間所做的「習得性無助」的研究，以及「習得性無助」悲觀態度的理論，取得了突出的成就。這些成就使憂鬱症的治療和預防獲得了極大的突破。

一九七八年，經過多年的研究和探討，塞利格曼和合作者對無助模式進行了系統的闡述，並就無助的表達方式，與個體個性之間的關係做了充分的闡述：**當不好的事情發生時，那些習慣於將壞事的發生歸因於自己的人，常常極易陷入無助狀態**。

一九九八年，塞利格曼以史上最高票數當選了美國心理學會（American Psychological Association，APA）主席。在擔任心理學會主席數月後的一天，塞利格曼產生了關於正向心理學的認識與想法。而這一思想的萌發，得益於他和五歲女兒的一次談話。

儘管塞利格曼寫了大量與兒童心理學相關的著作，然而在實際生活中，由於工作的繁忙，他將更多的精力投入到工作中，和自己的孩子之間的關係並不親密。那天，恰好父女兩人在園子裡播種。考慮到手邊有太多的工作要完成，塞利格曼想盡快將地種完。然而，女兒妮基（Nikki）卻在一邊搗亂，手舞足蹈，還把種子拋向天空。

塞利格曼要她不要亂來，沒想到妮基卻跑過來，想和他談一談。塞利格曼當然無法拒絕這一請求。而女兒的一番話，深深的打動了他。直到現在，塞利格曼還清晰的記得當時妮基的那番話：「爸爸，你還記得我五歲生日嗎？我從三歲到五歲一直都在抱怨，每天都在說這個不好、那個不好，當我五歲時，我決定不再抱怨了，這是我從來沒做過的最困難的決定。如果我不抱怨了，你可以不再那樣經常鬱悶嗎？」

女兒稚嫩的話語，讓塞利格曼感到醍醐灌頂，他的內心受到極大的震撼。塞利格曼不但見證了妮基的成長過程，也了解自己和自己的職業。女兒的話讓他認識到，妮基已經自我矯正了抱怨的心態。正是這種心態，引導妮基發現了生活的美好，感受到了幸福。

這一天，女兒的這番話改變了塞利格曼的生活，讓他從過去五十年的生活陰影中走了出來，主動敞開胸懷，讓陽光充滿心靈、讓積極的情緒主動控制自己的人生。而隨之也讓他意識到，作為父母，應該培養孩子認識及發現自己身上最強之處，而不是緊盯著自己的短處，如此一來就可以讓他們意識到，自己擁有最美好的東西，從而讓他們將這些最優秀的特質，轉化為促進自己幸福生活的動力。就這樣，塞利格曼提出了正向心理學，即關心正向的主觀經驗、正向的個人特質及正向組織的科學。

在當年的心理學會年會上，塞利格曼首次正式提出了「Positive Psychology」一詞，Positive Psychology 就是正向心理學，也稱積極心理學。由此，二十一世紀心理學發展的一個重點——正向心理學運動得以建立並開展，塞利格曼和其他學者共同對正向心理學進行深入的研究和探討，並就正向情緒、正向人格、正向組織，以及如何養成正向心理展開了調查研究與實踐，指出**財富、學歷、青春，對快樂的幫助都相當有限；婚姻的影響好壞參半；而親情與友誼，更能讓人們獲**

得快樂。

在正向心理學的研究中，塞利格曼提出了**快樂的三要素**：**享樂**（興高采烈的笑臉）、**參與**（對家庭、工作、愛情、嗜好等的投入程度）、**意義**（發揮個人長處，達到比我們個人所期更大的目標）。他還提煉出一個幸福公式：

總幸福指數=先天的遺傳素質+後天的環境+你能主動控制的心理力量。

塞利格曼因此被稱為「正向心理學之父」，還獲得了美國應用與預防心理學會的榮譽獎章，以及美國應用與預防心理學會的終身成就獎（因其在精神病理學方面取得的卓越成就）。

02 對自己說：我很棒

二〇一四年，匈牙利發行了兩枚橢圓形紀念幣，其上印刻著獲得諾貝爾生理學或醫學獎得主——羅伯特・巴拉尼（Robert Bárány）的頭像，以及生卒日期、相應貢獻，以紀念他為人類醫學和生理學做出的傑出貢獻。

錢幣上的諾貝爾獎得主

羅伯特・巴拉尼，一九一四年諾貝爾生理學或醫學獎得主，這位著名的生理學家，就是在掙脫「習得性無助」的束縛後，煥發出耀眼的人生光輝。

一八七六年，巴拉尼出生在一個匈牙利裔猶太人家庭。父親雖然是農場主人，但母親卻是一位不凡的女性。她是布拉格一位科學家的女兒。雖然是家中的第六個孩子，但巴拉尼聰明可愛，父母看著這個小小的生命，欣喜於他的降臨給家庭帶來的快樂，並期盼、憧憬著他長大後的美好人生。

然而，或許正是那句「天將降大任於是人也，必先苦其心志」，災難降臨到小巴拉尼身上——骨結核[1]病魔找上了他。

當時，結核還是醫學界無法攻克的難關。面對這一晴天霹靂，巴拉尼的父母沒有灰心喪氣，他們費心照顧著體弱多病的巴拉尼，期望能出現奇蹟，他的病情能好轉。然而，面對昂貴的醫藥費，儘管父母省吃儉用，仍舊不得不眼看著巴拉尼的病情往壞的發展。最終，巴拉尼的一個膝關節永久的僵硬了。

看著兒子那僵硬的雙腿，巴拉尼的媽媽心如刀割。但這位偉大的母親強忍住自己的悲痛，給予兒子此時最需要的鼓勵和幫助。她告訴臥病在床的巴拉尼，人生會遇到很多困難，重要的是你用什麼樣的態度去面對。她相信巴拉尼是一個有志氣的人，能用自己的雙腿在人生的道路上勇敢的走下去！

此時，母親的話如同重錘敲擊著巴拉尼的心扉，絕望的巴拉尼撲到母親懷裡放聲大哭。他哭病魔的無情、哭命運的不公，但哭過之後，他決定戰勝病魔，不讓自己成為人們眼裡的廢人。從此，只要媽媽有時間，她就會訓練巴拉尼走路，協助他做體操，即使自己身體不適、生病，仍舊堅持按計畫幫巴拉尼練習走路，完成當天的鍛鍊計畫。

母親的態度影響了巴拉尼，他脫離一般病人的那種「習得性無助」，用堅強和信心，一步步的前行。最終，體育鍛鍊彌補了由於殘疾給巴拉尼帶來的不便，讓他的身體變得強壯起來，與此同時，命運給予的嚴酷打擊也讓巴拉尼練就了堅韌不拔的性格。這種性格在日後遷移到了學習和工作中。

上學後，巴拉尼刻苦學習，學習成績一直在班上名列前茅。十八歲時，他以優異的成績考進了維也納大學醫學院[2]。一九〇〇年，巴拉尼在維也納大學完成本科學業後，以醫學學士身分畢業。在隨後的三年時間裡，他先是前往法蘭克福（Frankfurt am Main）的內科實驗室工作了一年，接著又回到維也納學習了一年

---

1 是由結核桿菌侵入骨頭或關節，而引起的化膿性破壞性病變。

2 維也納醫科大學的前身。

外科、一年神經內科。一九〇三年，巴拉尼憑著出色的培訓成績，獲得了維也納大學耳科診所的一份工作。

這時，他有緣獲得當時歐洲著名的耳科教授亞當．波利茲的指導，對前庭和眼球震顫現象進行了深入的研究，於一九〇五年發表論文《熱眼球震顫的觀察》。隨後經過進一步研究，他發現了前庭反應，以及內耳前庭器與小腦相關，進而奠定了耳科生理學的基礎。

工作六年後，經過實際歷練的巴拉尼，以出色的理論與實踐能力，受聘為維也納大學醫學院的教師，致力於耳科神經學的研究。在研究工作中，他掌握了應用內耳控制平衡感覺的知識，還發明了一些用於研究平衡障礙的方法。

在臨床試驗中，巴拉尼發現許多耳科病人在用水沖洗化膿的耳朵時，常常會發生眩暈、眼球急速轉動的現象，醫學上叫做「眼球震顫」。但是，眩暈、眼球震顫和耳朵灌水三者究竟有什麼關聯？為此，他以這一現象為研究對象，開始相關的研究。經過反覆實驗，巴拉尼發現，用高於或低於體溫的水來沖洗耳朵，都會引起病人或正常人的眩暈和眼球震顫。為此，巴拉尼發明了一種簡便易行的測試前庭機能的「溫差試驗」（Caloric test）方法。這方法被稱為「眼前庭試驗」，為前庭疾病的早期診斷打開了方便之門。

一九〇六年，巴拉尼成為維也納大學耳科診所的負責人。一九〇九至一九一二年間，他先後發表了針對半規管和前庭器官的相關研究成果，並因為這些突破性的科研成果，被奧地利皇室授予爵位。

一九一四年，第一次世界大戰爆發後，巴拉尼意識到，這是研究腦損傷的好機會。於是他自願申請加入奧地利軍隊，到戰爭前線救治傷患，並在此期間改進了頭腦創傷治療的步驟。不幸的是，一九一五年四月，他被俄國人俘虜，關進戰俘集中營。在戰俘集中營裡，他獲知自己因為對耳朵的研究工作，被授予了諾貝爾生理學或醫學獎，成為維也納大學首位諾貝爾獎得主。

後來，在瑞典王子卡爾（Prince Carl）代表國際紅十字會，與俄軍幾番交涉下，一九一六年，巴拉尼才獲得釋放，回到了維也納。然而，遺憾的是，回到家鄉的巴拉尼，遭到同事毫無根據的指控，聲稱他不曾對參與其研究的同事的貢獻予以承認。巴拉尼失望之餘，離開奧地利，到瑞典的烏普薩拉大學（Uppsala universitet）任教，主持耳鼻喉科研究中心的工作，直至一九三六年逝世。

巴拉尼一生共發表一百八十四篇科研論文，治好了許多耳科絕症，且創立了研究內耳前庭器官、小腦、肌肉三者相互為用的方法。直到現在，我們仍然可以從醫學上探測前庭疾病的試驗，和檢查小腦活動及其與平衡障礙有關的試驗中，聽到巴拉尼的姓氏。

縱觀巴拉尼的一生，他所取得的成就，無一不與其積極的人生態度密切相關。試想，倘若他在患病期間、在被俘期間、在遭受同事的指控期間，陷於「習得性無助」的痛苦之中，那麼，他就不會改寫自己的人生。

我是最棒的！

「習得性無助」會讓人陷於絕望之中。個體倘若不能從這種消極狀態中掙脫出來，戰勝自己，就會讓自己陷入無邊的痛苦之海，最終毀滅自己。相反，倘若個體能接納自己，就能避免陷於「習得性無助」引發的不良情緒，從而激勵自己，成就自己。而要做到這一點，同樣需要一種接受的勇氣和改變的智慧。

提到美國銷售天王喬・吉拉德（Joe Girard），幾乎無人不知。這個被世界各地銷售人員尊崇的人物，連續十二年榮登金氏世界紀錄——世界銷售第一的寶座，創下了連續十二年平均每天銷售六輛車的世界汽車銷售紀錄。當人們看到吉拉德的銷售資料，傾聽他的演講並為之震撼時，沒人會想到，他從前只是美國底特律（Detroit）一個下層貧民家庭的窮小子。而他能獲得成功，得益於他對自己的全身心的接納，從而獲得的發自內心的自信。

吉拉德出生於一九二八年。九歲時，他就奔波在滿是傾塌房子與垃圾的底特律東區的大貧民窟中，從事給人擦鞋、送報的工作，為的只是賺錢補貼家用。十六歲時，沒等高中畢業，吉拉德就輟學走上社會，成了一名鍋爐工。而這份工作帶給他的是嚴重的氣喘病。

生活是如此艱辛，而背負著養家重任的吉拉德不得不始終都在拚命奔跑。然而，生活給予他的全是失敗。在三十五歲之前，他嘗試過四十多份工作，甚至當過小偷、開過賭場。然而，成功之神從不青睞他。可怕的是，三十五歲那年，從事建築師職業的吉拉德、蓋了十三座房子的吉拉德，背負了高達六萬美元的債務。他陷入嚴重的自我否定之中。而此時，看著吉拉德沮喪的樣子，父親慨嘆他這輩子不可能獲得成功。這番話讓吉拉德更加自卑，甚至原本的口吃更加嚴重了，連一句完整的話都說不清。

幸運的是，吉拉德有一位偉大的母親。她經常告訴吉拉德，人和人都是一樣的，機會對每個人都是公平的。他不能消沉、氣餒，要勇於做自己想做的事，向包括父親在內的所有人證明，自己可以成為一個了不起的人。母親的一番話，鼓勵了吉拉德，讓他從「習得性無助」中振作起來，重新燃起了成功的欲望。

接下來，他將目光投向了汽車銷售業。當時，被譽為「汽車城」的底特律，是全球汽車工業重鎮，這裡最少有三十九家大型汽車經銷場所，而每家又各有二十至四十名不等的銷售員。龐大的銷售群體導致銷售競爭異常激烈。

面對這樣的形勢，走投無路的吉拉德，為了賺錢，還是走入底特律的一家汽車經銷店，請求滿腹狐疑的經理給他一份推銷員的工作。從此，憑著不想再回頭過苦日子的決心與毅力，他開始了自己的銷售工作。幸運的是，他第一天就賣了一輛車給一位可口可樂銷售員，並向老闆預支了薪水，以解決家裡的溫飽問題。

不過，運氣並不總是光顧他。接下來，吉拉德發現自己面對的最大問題是口吃和人脈缺乏。為了克服口吃，他在與顧客溝通時，故意放慢語速，用比別人更多的耐心傾聽顧客的意見。針對沒有人脈的問題，他就翻開電話簿，一個一個的打，一步一步拓展客戶資源。當然了，在此過程中，他不是沒遇到過顧客的刁難和拒絕，不過，他知道，要讓顧客接納自己，自己首先要接納自己，無論好與壞。唯其如此，自己才能以自信的狀態和陽光的心態，贏得顧客的信任。

慢慢的，吉拉德憑著一部電話、一支筆，以及無比的耐心和細心，積極工作。有時，僅僅為了顧客一句無意的話語他會等上半年，甚至幾年，就連對方都懷疑自己是否說過那樣的話。在等待期間，他不時追蹤顧客，隨時將寫著「I like you」的卡片遞給對方，以加深對方對自己的印象。

就這樣，憑著過人的努力，吉拉德不斷創新銷售方法，在競爭白熾化的底特律汽車銷售業中，為自己殺出了一條血路。經過一段時間的累積後，他的銷售業績發生了井噴式的爆發，以至於同事開始埋怨他的存在，甚至想將他排擠走。

而此時的吉拉德想獲得更大成績的心情早已按捺不住。他想找到更好的機會，讓自己賺到更多的錢。於是，他選擇去雪佛蘭（Chevrolet）工作。從一九六三年至一九七八年，他在那裡總共推銷出一萬三千零一輛雪佛蘭汽車，連續十二年榮登金氏世界紀錄——世界銷售第一的寶座。也是在那裡，他創造了連續十二年平均每天銷售六輛車的銷售紀錄，至今無人能打破。

一九七八年，已經擁有豪宅和高品質生活的吉拉德宣布退休。然而，他並沒有就此中止璀璨的人生。他開始在圖書銷售和演講領域活動，並再次創造人生的輝煌。他用自己的成功經歷告訴人們，成功其實就在自己手中，**個體在面對挫折時，最重要的是找到問題的原因，而不是進行錯誤的歸因**，如此方能在戰勝自己的前提下，找到成功之路。

吉拉德說：「通往成功的電梯總是不管用的，想要成功，就只能一步一步的往上爬。」而要爬上去，重要的動力來源於自己的改變。在現實生活中，我們無法預測自己會面對怎樣的未來，唯一能做的就是擁有接受自己所遇到的一切的勇氣，借助於個人智慧改變所遇見的，抓住能得到的，讓自己活得精彩。

人生任何時候開始都不晚

經常聽到有人感嘆年華已逝，時不待我。然而，人的一生，太多的過去不可挽回，我們所能做的，只是抓住當下，以積極的心態面對當下，方能不負年華、不負此生。一位百歲老人，用她感知當下的人生經歷告訴我們，抓住當下，學會感知，就會體驗到生活的幸福。這位百歲老人，就是最勵志、最治癒、最多產的原始派畫家，大器晚成的美國民間藝術家摩西奶奶（Grandma Moses）。

摩西奶奶原名安娜·瑪麗·羅伯森·摩西（Anna Mary Robertson Moses）。一八六〇年，瑪麗出生於紐約州格林威治村的一個農場。她的父親是一個貧窮的農夫，她是這位農夫的十個子女之一。可以想像，童年時期的瑪麗，過著並非錦衣玉食的優裕生活。

不過，窮困生活中，她最大的樂趣是跟著母親學刺繡，並由此產生了繪畫的興趣。然而，畫筆和油彩的價格太過昂貴，不是一個貧苦的家庭能支付得起的。於是，瑪麗就試著用果漿和葡萄素描，從中獲得繪畫的小樂趣。

成年後，瑪麗像自己的父母一樣，開始在他人的農場工作。這時，她的內心還保留著繪畫的夢想。儘管自己已經有條件購買繪畫工具和材料，但工作的繁忙讓她無暇分神。二十七歲時，她嫁給了農場工人，由瑪麗小姐變成了摩西太太，婚後的家庭生活，以及養育十個孩子的辛勞，更讓她的生活被瑣碎的家庭生活占滿。每天，她要用雙手完成擦地板、擠牛奶、裝蔬菜罐頭等工作，根本沒有繪畫的時間，更沒有那份閒情逸致。

在農場工作多年後，摩西太太與丈夫返回了紐約州，住在距離自己出生地不遠的地方。隨著年齡的增長，她在刺繡中找到了樂趣，並以刺繡鄉村景色為樂。當然，在刺繡之餘，她還不時憶起自己的繪畫夢，也會塗塗畫畫，直到五十八歲時，她才完成了自己的首幅畫作〈壁爐遮板〉（Fireboard decorated）。

隨著年齡的增長，年輕時的過度操勞，對摩西太太的身體造成的傷害逐漸顯現出來。七十六歲時，嚴重的關節炎，使她無法再用纖細的繡花針刺繡。這時，兒孫勸她安享晚年，可是老人不想無所事事，為了打發時間，摩西太太決定重拾畫筆，圓自己兒時的繪畫夢。從此，這位老人將對生活細緻的觀察和熱愛，全都傾注在繪畫裡，開始了自己的繪畫人生。在她的畫作中，人們能看到色彩鮮明的四季、活力四射的農場、春天的生機勃勃、秋天的果實累累。

有一天，她的女兒看到母親的畫作，作品中明快的手法和明亮、大膽的色彩深深的打動了她。她想讓更多的人欣賞到母親的畫作，於是將母親的畫作帶到鎮上的雜貨鋪裡，請店主將它們陳列在櫥窗裡，讓每一個人都能欣賞到這些作品。

機緣巧合，一位藝術品收藏家無意中經過這裡，被櫥窗中的作品深深吸引。

當他了解到這些畫作竟然出自一位八十歲老人的筆下時，被深深的打動。他決定幫助摩西奶奶，讓她的作品可以在紐約的畫廊展出，讓更多的人看到這些畫作。

結果，當八十歲的摩西奶奶的個人畫展在紐約舉辦時，一鳴驚人，迅速成為藝術市場中的熱賣品。與此同時，這些畫作也得到了充分的肯定，並獲得多項獎項。當人們欣賞畫作時，根本無法相信它們出自一位近百歲的老人之手。一九六一年十二月十三日，摩西奶奶在紐約的胡西克瀑布（Hoosick Falls）逝世，終年一百零一歲。在二十多年的繪畫生涯中，她累計創作了一千六百幅作品。

半個世紀後，美國華盛頓國立女性藝術博物館（National Museum of Women in the Arts）舉辦了「摩西奶奶在二十一世紀」（Grandma Mosesinthe 21st Century）的展覽，展出了國內外收藏的摩西奶奶的八十七件經典畫作和遺物，由此再一次引發了全世界人們關於人生、關於成功的探討。而在這次展覽中，老人寫於一九六〇年的一張明信片吸引了眾多參觀者的目光。

這張明信片的收件人是日本青年春水上行（即渡邊淳一）。當時，春水上行由於遵從父母的意見，放棄了自己喜歡的文學，做了一名醫生。年近三十歲時，他更加感覺生活的無趣，儘管他打算放棄這一個在他人看來穩定的工作，和不菲的收入，追求自己的文學之路，但又擔心年紀大了，為時已晚。當他得知摩西奶奶的事蹟後，就寫了一封信，希望從老人那裡獲得答案。而摩西奶奶給他的回覆就是一張明信片，其上畫著一座穀倉，寫著一句話：「做你喜歡做的事，上帝會高興的幫你打開成功之門，哪怕你現在已經八十歲了。」

摩西奶奶的話讓春水上行豁然開朗，他毅然辭去了醫生的職務，走上了文學創作之路，用曾經握著手術刀的手開始文學創作，最終創作出五十多部長篇小說，成為享譽世界的大文豪渡邊淳一。

成功無年齡的界限，摩西奶奶用堅持成就了自己的夢想，更成就了渡邊淳一的人生。她的一生，不為外物所困，不為年齡所擾，用真實的經歷和靈動的畫筆，抒寫出燦爛的人生，也將堅持和希望留給了後世的人們，激勵人們戰勝「習得性無助」的影響，活在當下，活出精彩的人生。

總之，個體要想讓自己的人生煥發青春和活力，收穫更多的喜悅與成功，就要學會打破「習得性無助」的影響，在無法改變他人時，學著改變自己；無法改變環境時，不妨改變自己對待環境的態度；無法改變過去時，試著改變當下。當個體以積極的心態面對當下時，就會擺脫絕望與孤獨，收穫圓滿的人生。

第四章

樂隊花車的從眾效應

在現實生活中，個體為了不讓自己在社會中處於孤立的地位，經常不加思考的做出和大多數人相同的選擇。於是我們經常會看到多人撞衫、趨之若鶩的美容、不顧一切的搶購……這就是「樂隊花車效應」。作為一種普遍的社會現象和心理狀態，它對人類生活的各方面均造成了深刻的影響。

01 以他人為依據做出行為上的改變

樂隊花車，英文是bandwagon，意即在花車大遊行中搭載樂隊的花車。任何一位參加遊行的人，只需跳上這輛樂隊花車，就可以不用走路輕鬆享受遊行中的音樂。因此，英語中用「jumping on the bandwagon」（跳上樂隊花車）表示一個人得以進入社會主流。

最早運用這一詞語的是，一八四八年美國林肯時代的專業馬戲團小丑丹・賴斯（Dan Rice）。他在為扎卡里・泰勒（Zachary Taylor）競選美國第十二任總統宣傳時，使用了樂隊花車的音樂來吸引民眾的注意力。此舉使得泰勒的宣傳非常成功。到了一九〇〇年，威廉・詹寧斯・布萊恩（William Jennings Bryan）參選美國總統競選時，樂隊花車已成為競選必備的內容。

後來，心理學研究者將這一名詞用於某種心理狀態的描述。這就是「從眾效應」[1]（bandwagon effect）。那麼，何為從眾？這一心理現象是如何被提出，並不斷被分析驗證的呢？

從眾是**以他人為依據做出思想或行為上的改變**。作為一種常見的社會現象，歷史上幾位心理學家先後對其進行了研究。其中，所羅門・阿希（Solomon Eliot Asch）的阿希從眾實驗（Asch conformity experiments），是最為經典的。

做有主見的人有多難？

作為第一個正式提出並研究「樂隊花車效應」的美國社會心理學家，所羅門・阿希以特質研究為中心，他在研究中發現了「從眾效應」，並在一年內，以經典性研究——阿希從眾實驗，進行了研究論證。

一九五六年，阿希以斯沃斯莫爾學院（Swarthmore College）的男性大學生志願者為測試對象，將志願者分為數個小組，每組成員順次坐成一排。

每個小組七人，其中六人是提前安排好的假受試者，即實驗的助手，僅有一個人是真正的受試者，且他不知道其他六人的身分。在實驗前，主試告訴受試者，本次實驗的目的是研究人的視覺情況，但實際上，實驗的真正目的，卻是研究人們會在多大程度上因受他人的影響，而做出違心且明顯錯誤的判斷。

實驗開始後，主試請大家做一個相當容易的判斷——比較線段的長短。他將兩張分別畫有一條線X和三條線段A、B、C的卡片出示給大家，請大家比較X與A、B、C中哪條線段等長。

1也稱「羊群效應」。

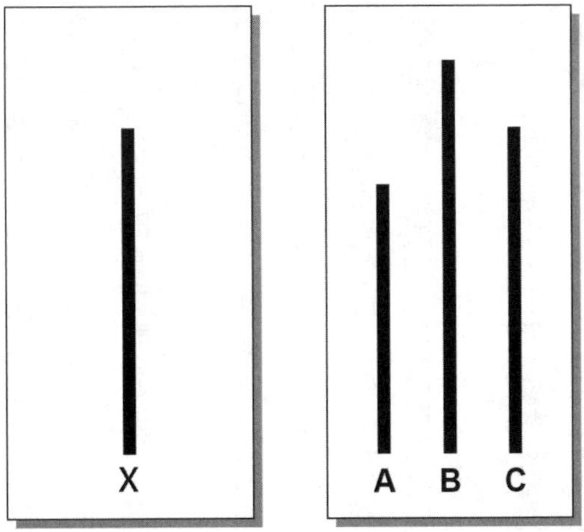

前兩次測試時，每個人的回答都是一樣的。到了最後十次時，六名提前安排好的假受試者異口同聲的說出錯誤的答案，結果排在最後的許多真受試者迷惑了，或是同樣給出了錯誤的答案，或是堅定自己的判斷。

實驗結果的統計顯示，平均有三三％的真受試者做出了和其他人一樣的錯誤判斷，七六％的真受試者至少做出了一次和其他人一樣的錯誤判斷，僅有一％的真受試者堅持自己的正確判斷。實驗結束後，阿希對從眾的真受試者進行了訪談，並依據訪談結果，給出從眾行為發生的三種情況：

一是當受試者發自內心的將其他人的反應當作行為參考時，就會心甘情願的在觀察上發生錯誤，進而發生知覺歪曲，導致從眾行為；二是儘管受試者意識到自己所見的與其他人不同，但由於對自己觀點的正確性持懷疑態度，於是發生判斷歪曲，出現從眾行為；三是受試者明知其他人的判斷是錯誤的，仍舊做出錯誤反應，進而發生行為歪曲，出現從眾行為。

阿希在進一步分析以上三種情況下人們的心理狀態後發現，即便群體意見與其自身感覺到的資訊相抵觸，有些人也會心甘情願的追隨，做出明顯的趨同行為，其根本原因在於來自群體的壓力，這是一種相當普遍的現象，哪怕是在由一群陌生人構成的偶然群體中，也會存在這樣的現象。

看不見的影響力

阿希的實驗是以美國社會心理學家穆扎費・謝里夫（Muzafer Sherif）的游動錯覺（autokinetic effect）為基礎進行的。一九四八年，謝里夫在其著作《社會心理學原理》（*Social psychology*）一書中指出參照群體的重要性。他認為，社會規範就是某一特定群體所持有，並為這一群體所認可的行為模式。一九三〇年代，謝里夫針對性的研究了在模棱兩可的情況下，一個個體影響另一個個體，並使之產生態度改變。為此，他進行了經典的游動錯覺實驗。

生理學研究顯示，人的神經系統會對昏暗燈光過度補償，這種補償會讓個體對靜止的燈光產生移動錯覺。為此，不同於阿希的群體壓力導致從眾的研究角度，謝里夫從規範形成的角度，對個體的從眾行為進行研究。

謝里夫招募了一批大學生，進行所謂的視知覺實驗。實驗是在一個暗室裡進行，在受試者前方四十五公尺處設置一個光點。在實驗中，光點是靜止的。但工作人員告訴受試者光點在運動，而受試者因為似動現象會感覺光點在移動，但實際上這是一種游動錯覺。接著，主試要求受試者估計光點移動的距離。

此時，因為人們通常不具備游動錯覺的知識，於是就會做出不同類型的距離判斷。隨後，一名實驗助手用相當肯定的語調給出距離的大致尺度，經過數次實驗之後發現，受試者的距離判斷越來越接近這位實驗助手給出的距離判斷。

謝里夫透過研究發現，之所以會產生這一錯判現象，原因就在於每一個受試者均處於自己無法確定的情境中，於是他們不得不慢慢的遵從其他人的判斷。由此可見，**當個體處於情況不明的情境中時，會出現一種遵從行為**。而引發此種遵從行為的原因就是個體缺乏必要的資訊，從而做出盲從的舉動。

你能對抗群體思維嗎？

謝里夫和阿希的研究告訴我們，**群體壓力和群體規範對人們的認知行為所產**

生的巨大影響力，是從眾現象產生的重要原因。

一九九六年，巴倫（Baron）等人在這兩項研究成果的基礎上，進一步改進了阿希的實驗。

巴倫向受試者呈現僅有一個人的幻燈片和有四個人的幻燈片。實驗任務分為比較簡單的（受試者用五秒鐘時間來觀察幻燈片上的四個人）和比較困難的（只讓受試者有半秒鐘來觀察）。向受試者交代任務的重要性也不同，不重要的（僅僅是初步測試目擊者的識別程序）或重要的（為一種真實的偵破程序建立常規模型，並給判斷最準確者二十美元獎勵）。在任務不重要、有兩名實驗助手給出錯誤答案的情況下，有十三個人傾向於從眾；任務重要但比較簡單時，人們很少會從眾；任務重要又難以確定時，有一半的人可能會從眾。

由從眾效應的三個實驗可知，人們之所以產生從眾行為，主要有兩個原因：一是個體在群體壓力影響下做出的反應，二是個體在規範的社會影響下做出的反應。由於，個體對社會規範是敏感的，清楚哪些行為是被社會接受的，哪些行為是符合社會期望的。倘若自己遵守相應的規範，就會獲得社會群體的認可和褒揚，獲得獎勵；反之，倘若個體的表現與眾不同，極可能因此付出相當慘重的代價。為此，個體在社會情境中，會相當重視且信任團體的資訊，並盡量讓自己的言行與團體保持一致，於是從眾現象的產生就成為必然。

可以說，從眾行為的產生，與人們的價值觀念密不可分。當某種價值觀念獲得社會的讚賞時，那些與社會價值觀念保持一致的個體或群體，就會受到表揚；反之，倘若個體的社會價值觀念與社會不相符或抵觸時，其行為就會遭到群體的指責。因此，價值觀不同，個體的從眾發生率也不同。

杯中酒埋下的研究夙願

儘管從眾效應的研究者可謂前仆後繼，不過所羅門・阿希仍舊以其創造性的成就，成為這一領域的傑出人物。那麼，他究竟是怎樣的一個人呢？

所羅門・阿希是猶太人的後代。一九〇七年，出生於華沙（Warszawa）的一個小鎮。一九二〇年，阿希隨家人移民到美國，居住在紐約下東區，與猶太人、阿拉伯人和義大利移民生活在一起，朋友們親切的稱羞澀、內向的他為賽勒姆。

來到美國後，阿希在社區公立學校讀書。他不會說英語，於是在相當長的一段時間內，語言障礙導致阿希與同學之間存在溝通障礙，進而在班裡處境相當孤獨。為了學習英語，他開始大量閱讀書籍，而英國作家狄更斯（Charles Dickens）的小說則是他首先閱讀的書籍。借助於大量的閱讀，阿希提升了英語，也養成了在閱讀中思考的習慣。中學時，阿希是憑著優異的成績在湯森德哈里斯高中（Townsend Harris High School）度過的。高中畢業後，他進入紐約市立學院攻讀學士學位，並以文學和科學作為主修方向。本科畢業前期，他開始閱讀心理學家威廉·詹姆斯（William James）和其他一些心理學家的著作，從此對心理學產生了興趣。

一九二八年，在完成本科階段的學習之後，二十一歲的阿希獲得理學學士學位。隨後，他將目光投注到心理學領域。同年，他選擇到哥倫比亞大學攻讀碩士學位，並以人類學為主修。在著名人類學家加德納·墨菲（Gardner Murphy）、法蘭茲·鮑亞士（Franz Boas）和露絲·班乃迪克（Ruth Benedict）的幫助下，他獲得了一筆獎學金，得以進行針對兒童如何融入其文化的調查。一九三二年，阿希獲得哥倫比亞大學哲學博士學位，並留校任教。

在哥倫比亞大學擔任教師的期間，阿希開始研究格式塔心理學（Gestalt psychology），而且研究興趣越來越濃。在研究工作中，他和心理學家馬科斯・韋特墨（Max Wertheimer）不僅成為同事，更成為親密的朋友，並且共同在格式塔心理學領域取得了突出的成就。

一九五二年，阿希撰寫了教科書《社會心理學》（*Social psychology*）。在書中，他保留了許多格式塔心理學的信條。一九五五至一九五六年，阿希透過「線段實驗」開始進行從眾行為的研究。關於這一研究，源於阿希兒時在波蘭生活的一段經歷。

阿希七歲那年，他過了第一個逾越節（Pesach）。這是猶太人古老而重要的節日。這天晚上，阿希發現祖母額外要了一杯酒，他就問這杯酒是給誰的。祖母告訴他，是給先知的。他就追問祖母，先知真的會喝酒嗎？他的祖母向他保證，先知會的，並要他隨著時間的流逝，仔細觀察那杯酒。結果，阿希發現，隨著時間的流逝，酒杯裡的酒平面一點一點的下降。後來，阿希認為，那是一種充滿期待暗示的建議及體驗。

鑑於兒時的這種體驗，阿希決定將群體壓力作為研究對象。此後，他完成了著名的三垂線實驗，即阿希從眾實驗。

從一九六六年開始，阿希一直在大學從事教學和研究工作。後來，在他的啟發和指導下，史丹利・米爾格倫（Stanley Milgram）完成了著名的「小世界現象」（Small World Experiment）[2]研究，證明了人際社會中關係的發散性。同時，阿希的研究也影響了眾多社會心理學家的理論研究，哈羅德・凱利（Harold Harding Kelley）就是其中的一位。

一九六七年，阿希因其在心理學上的傑出貢獻，獲美國心理學會頒發的傑出科學貢獻獎。一九九六年，阿希在位於賓夕凡尼亞州哈弗福德（Haverford）的家中去世，終年八十九歲。

2地球上的任何兩個人，都可以平均透過一條由五位聯繫人組成的鏈條，而聯繫起來。

02 鬱金香狂熱，史上第一個金融泡沫

在距荷蘭首都阿姆斯特丹（Amsterdam）不到二十公里的哈倫（Haarlem），有一片綿延三千公頃的鬱金香花海。不知漫步其中的人們是否還會憶起當年的那場「鬱金香泡沫」呢？

十六世紀末十七世紀初，在崇尚浮華和奢侈的法國，一種植物以昂貴的身價，出現在達官顯貴的家中，成為其身分和地位的象徵，那就是鬱金香。

鬱金香產自中亞平原。一五五四年，奧地利駐君士坦丁堡的大使在奧斯曼土耳其帝國的宮廷花園中第一眼看到它，就被其豔麗的風姿吸引。於是這位大使就將一些種子帶回維也納。奧地利植物學家卡羅盧斯．克盧修斯（Carolus Clusius）對其加以研究，精心栽培，於是鬱金香得以在歐洲生長。

一五九三年，荷蘭萊頓大學（Universiteit Leiden）聘請克盧修斯為植物園主管，於是鬱金香就伴隨著克盧修斯來到了荷蘭。荷蘭獨特的氣候和土壤條件，使鬱金香在這片土地上發展起來，進而繁衍出一些獨特的品種。

鬱金香的美，不僅克盧修斯被打動，也將眾多貴族吸引至此，他們爭相向克盧修斯購買鬱金香。在遭到後者的拒絕之後，有人甚至鋌而走險，索性去偷竊。克盧修斯不勝其煩，索性將手中的鬱金香魚鱗莖全部送給荷蘭的朋友。沒想到，這樣一個無奈之舉，竟然引發了歷史上著名的「鬱金香泡沫」（Tulpenmanie）事件。

十七世紀的歐洲由於經濟發達，物產豐富，社會崇尚時尚，貴族和商人們過著奢靡的生活。當時，鮮花是地位和身分的象徵之一。而稀缺的鬱金香則成為地位和身分的重要標誌。

為什麼？因為鬱金香是塊莖植物，極難在短時間內培育出來。母球莖僅能生長幾年，種子要生長成成株則需要差不多七年的時間。本著物以稀為貴的原理，鬱金香的價格比較高昂，很快成為典雅高貴的象徵。當時人們都以自己的家中有鬱金香而自豪，在禮服上別一枝鬱金香來顯示自己的身分、地位和時尚。於是鬱金香被人們爭相購買，尤其是稀有的鬱金香品種更成為爭搶的目標。在這種情況下，鬱金香的價格節節攀升，在號稱「時尚之都」的巴黎，一枝最好的鬱金香花莖，甚至要用一百一十盎司（約等於三．一二公斤）的黃金才能購得。

伴隨著鬱金香價格的暴漲，很多投資者也將目光凝聚其上。當他們看到人們對鬱金香表現出的病態傾慕與熱忱，以及媒體的大肆宣傳時，他們認為賺錢的機會來了。投資者紛紛出手搶購鬱金香。一六三四年，荷蘭掀起了一股炒買鬱金香的熱潮。當時炒買鬱金香的人幾乎遍及全國。在這樣的瘋狂狀態下，一千荷蘭盾[3]的鬱金香球莖在不到三十天的時間內飆升到兩萬荷蘭盾。到一六三六年，一株稀有品種的鬱金香價格，竟然可以與一輛馬車、幾匹馬等值。

事實上，當時許多人的確賺到了錢。於是在賺錢效應的烘托下，越來越多的人將自己的全部積蓄，或得到的利潤投入到交易中，甚至有人賣房炒作。還有些人為了獲得高昂的回報，不惜在高價位時買入鬱金香，以圖一朝價起坐收厚利。

為了方便人們交易，評判交易所也將鬱金香列為正式交易品種。阿姆斯特丹的證券交易所，出現了鬱金香的固定交易市場。於是更多的人認為，鬱金香交易會長期持續下去，結果世界各地的有錢人都從荷蘭購買鬱金香，無論何種價格，鬱金香根本不愁買主。當時一名歷史學家描述道：「一六三六年，一枝價值三千荷蘭盾的鬱金香可以交換八頭肥豬、四頭肥公牛、兩噸奶油、一千磅乳酪、一個銀質杯子、一包衣服、一張附有床墊的床，外加一艘船。」

鬱金香讓荷蘭一掃從前的貧困，上至達官貴人、富商巨賈，下至工匠夥計、販夫走卒，全都投入鬱金香買賣中。人們紛紛將自己的財產變現，購買鬱金香、栽種鬱金香。一個磨坊主為了獲得一株鬱金香球莖，甚至將自己的磨坊賣掉，有人甚至用價值連城的珠寶，去換一株鬱金香球莖。

一六三七年，鬱金香的價格暴漲了五九〇〇％，達到了駭人聽聞的程度。當年的二月，一枝名為「永遠的奧古斯都」的鬱金香，以六千七百荷蘭盾成交。

高昂的價格和暴利，也催生了不良的市場運作。有人為了囤積居奇，不惜將花費巨資購得的鬱金香毀掉，只為了抬高自己手中鬱金香的價格。據說，一個海牙的鞋匠培育出一枝黑色的鬱金香，一群來自荷蘭的種植者爭相競購。最後買家在得到這枝鬱金香後，竟然將之踩爛，因為他們手中已經擁有了一枝相同的品

3於十三世紀開始流通的荷蘭貨幣，至二〇〇二年逐步被歐元所取代。

種。就在不斷有人在這種瘋狂買賣鬱金香的風潮吸引下，主動或被動的投身其中時，一場風暴正暗中襲來。

一六三七年二月四日，鬱金香市場突然崩潰，鬱金香的價格一瀉千里。在鬱金香交易市場，鬱金香的價格以肉眼可見的速度狂跌。慌亂的大小投資者們開始瘋狂拋售手中的鬱金香。僅僅一週，鬱金香的價格已平均下跌了九〇％。到了最後，一枝普通鬱金香的價格，竟然還不如一顆洋蔥的價格。

在這場瘋狂的浪潮中，無數人傾家蕩產，貴族富商成為乞丐者不可計數，太多的人無家可歸，自殺的人更不在少數。荷蘭政府不得不於一六三七年四月，做出終止所有鬱金香合約的決定，投機式的鬱金香交易被禁止。這次由鬱金香引發的泡沫事件雖然就這樣不了了之，但其影響卻極為深遠，因為荷蘭在此後陷入了經濟大蕭條，進而被英國奪去海上霸主的地位。

今天，當我們拜讀法國作家大仲馬的名作《黑色鬱金香》（*La Tulipe noire*）時，看到一款名為「黑寡婦」的鬱金香，「豔麗得讓人睜不開眼睛，完美得讓人透不過氣來」，是否會思考導致「鬱金香泡沫」的原因呢？

是什麼原因導致鬱金香價格暴漲暴跌？除了人為的市場操作，更重要的因素是人們受到「樂隊花車效應」的影響，失去了理性，在群體氛圍的影響下，失去了獨立思考能力，不能理性的看待問題，進而做出草率投資、倉促拋售的決定，於是最終受到損失也就成為必然。

由此可見，儘管趨利避害是人類的本性，但在問題面前，倘若能保持一分清醒，理性分析問題，客觀看待事物，而不是盲從偏信，自然就會少受損失，多些成功的機會。這也是那句「投資須謹慎」的老話背後的深刻含義吧。

有一種美，叫做渡邊直美

女性美的內涵和表現，因時代的不同而不斷發生著變化。遠古時代，健碩的身材代表著力量和繁殖的優勢，也表示生存中具有的優勢，於是豐乳、肥臀、鼓腹的女性受到男性的青睞。隨著社會的發展，從飢餓的時代走出來的人們，無論是歐洲還是亞洲，白種人還是黃種人，均將豐滿且肥胖的身材，看作一種特權的代表，定義為美的象徵。這就是中世紀宮廷畫作中的女性，最顯著的特徵就是圓下巴。

到了近現代社會，隨著經濟的發展，豐衣足食不再是問題，於是肥胖就不再是權力、財富和地位的象徵。尤其是一九四五年後，隨著比基尼的推出，肥胖徹底被人們從美與時尚中排擠出去，取而代之的是以瘦為美的觀念。瘦不再是病弱、死亡的象徵，反而成為精緻生活的代表，成了自由和力量的象徵。伴隨著這樣的理念，控制體重、節制飲食成為愛美女性的畢生大計，也成為評判女性美與不美的標準之一。

這樣的社會評判標準一出，「A4腰」、「筷子腿」、「體重不過百」就成了某些人衡量女性身材的標準。於是，為了達到這一標準，社會上開始出現了許多方法，只要打著減肥的口號，就會吸睛、吸金無數。然而可悲的是，這種病態的群體減肥行為、審美標準，導致了諸多可怕的後果。

某女性原本談不上肥胖，為了達到自認為身材美的標準，不斷嘗試各種減肥藥。與此同時，她還堅持長期節食，每天僅吃一頓飯，飯後還不斷運動以消耗脂肪，甚至有時用催吐的方式強制節食。結果她付出了慘痛的代價：罹患厭食症，整個人瘦骨嶙峋，虛弱無力，以至於走路都相當吃力；更可怕的是，長期節食導致器官受損，使她一度徘徊在死亡的邊緣。

這種盲目趨從於所謂美的標準的行為，也是「樂隊花車效應」的體現。個體在這種心理狀態的影響下，失去了自我判斷的能力，做出了損害自身的行為。相反，那些具有獨立思考能力的女性，則能不受「樂隊花車效應」的負面影響，以科學分析，理性行動，讓自己在收穫美的同時，也收穫了成功。

渡邊直美，身高一五七公分，體重一百公斤，是位胖胖的女生。然而，她在社交平臺上擁有八百多萬粉絲，二〇一八年更是被《時代雜誌》（*TIME*）評為最具影響力的二十五位網路名人之一。可以說，這位以諧星為職業的「胖女子」，成了時尚界的一枚炸彈，徹底改變了一些人以瘦為美的觀念。

二〇一九年五月，在日本最大品牌的時尚雜誌之一《裝苑》，一篇主題為「混亂中的平衡」的內容中，渡邊直美的形象赫然在列。對於自己這種踩著高跟鞋，以特效做出超過實際身高一百公分的視覺效果，她自己表示無比滿意，甚至用「世界大爆發」加以形容。對於「以瘦為美」的時尚圈，這個胖胖的形象絕對是一種震撼。在綜藝節目中，每當她以胖胖的身軀模仿著眾多人氣偶像，或是以活靈活現的模仿形象出現在舞臺上時，誰又能說她不美呢？

生活中，處於「樂隊花車效應」下的個體，無論自己的判斷對或錯，均會產生懷疑心理，進而主動或被動的改變自己的行為、想法或決策，遵從群體中大多數人的意見，以便與群體中多數人保持一致，從而獲得心理上的安全感和被認可感。這是一種常見的邏輯謬誤，更是一種不正常的心理狀態。它**會使個體或群體失去獨立思考的意識，從而受到損失**。

而讓這位外表與時尚絲毫不搭邊的「胖女子」，成為人氣偶像的根本原因，就在於她由內而外散發出的特質——自信。她的自信，源於她不跟著大多數人說話或做事，能於「樂隊花車效應」下保持對美和自己的清醒認知，進而顛覆傳統，成就自己獨特的人生。

第五章

巴納姆效應：別人含沙射影，你對號入座

生活中有一類人，他們總是喜歡「對號入座」，即對於人們無意中的對話，極易認為是用看似普通又帶有廣泛性和模糊性的語言暗示，在含沙射影的談論自己，儘管事實上與其無關。這種心理狀態，就是心理學上說的「巴納姆效應」（barnum effect）（也稱「星象效應」）。

01 他說的很模糊，你卻聽得很清楚

無論是小提琴大師奧雷・布爾（Ole Bull）、物理學家阿爾伯特・愛因斯坦（Albert Einstein），還是化學家奧托・瓦拉赫（Otto Wallach），他們的成功之路，都說明一個現象：正確看待「巴納姆效應」，對於個體的成長有著至關重要的作用。

越模糊越容易讓人相信

「巴納姆效應」的發現者——美國心理學家伯特倫・佛瑞（Bertram Forer）

又是在什麼情況下，發現這一心理學理論呢？

一八四七年，心理學家羅斯．史坦納（Rose Steiner）針對一些人事經理，進行了一項人格測試。當這些人事經理在完成測試後，史坦納沒有針對測試者的實際答案給出相應的回饋，而是給每個人提供了一份與其測試答案無關的一般性回饋。這些回饋只是基於大眾所做的一些文字分析。簡言之，就是將一些適用於大眾的分析內容摘選出來，作為回饋發給每一位測試者。隨後，史坦納向每一位測試者詢問這份結果的準確性。出人意料的是，幾乎沒人認為這些回饋結果是錯誤的，超過一半的測試者都認為回饋結果相當準確。

這一現象引發了佛瑞的思考。佛瑞也對學生進行過一項人格測驗，並根據測驗結果進行了分析。實驗開始時，佛瑞請學生做一份性格測試問卷。當學生辛苦且認真的填完問卷後，佛瑞告訴大家，自己會對各位同學的問卷進行分析，並針對每個人給出性格分析結果。

第二天，佛瑞來到教室，將準備好的性格分析報告，分發到每個學生的手中，然後請同學們就手中的性格分析報告，與自己性格的相符程度打分，即按老師的人格測試結果與本身特質的契合度評分，零分最低，五分最高。最終的結果顯示，平均評分為四．二六分，平均符合程度竟然高達八五％。

但實際上，佛瑞給學生的「個人分析」結果全是一樣的。即「儘管你渴望自己受到他人喜愛，但對自己卻過於挑剔；儘管人格存在某些缺陷，不過整體而言，你總能找到辦法彌補。你擁有相當可觀的未開發潛能，但尚未就你的長處發揮。在你看似強硬、嚴格自律的外表下面，掩蓋著的是一顆不安與憂慮之心。你常常對自己能否做對事情，或做出正確的決定嚴重懷疑。你喜歡某種程度的變動，且在受限時感到強烈不滿。你自豪於自己是獨立思想者，且不會對沒有充分證據的言論予以接受。不過在你看來，對他人過度坦率是相當不明智之舉。有些時候，你為人外向、親和、充滿社會性；有些時候你卻相當內向、謹慎而沉默。你的一些抱負是相當虛幻、不切實際的」。

在評分之後，佛瑞告訴學生，以上個性分析用語，是從星座與人格關係的描述中挑選出來的。透過分析報告的描述可以看到，這裡面相當多的語句可以用來指代任何人。

根據這項研究，佛瑞得出結論：人們在描述自己的特點時，經常會用一種籠統的、一般性的人格描述方式，此種描述在揭示個人特點時相當準確。不過，一旦人們在描述某個人時，採用那些普通、含糊不清、籠統的形容詞，這個人就會輕易接受此種描述方式，並認為對方描述的就是自己。

當時，美國有一個著名的馬戲團藝人，叫費尼爾司・泰勒・巴納姆（Phineas Taylor Barnum）。他在接受媒體訪問時，被問到對自己表演的評價時，他總能答得極受觀眾歡迎。原因就在於他的節目中包括了每個人喜歡的元素，於是「每一分鐘都有人上當受騙」。後來佛瑞就借用這位著名的馬戲團藝人的名字，為自己的實驗結果取名為「巴納姆效應」。

繼佛瑞之後，有一些心理學研究者繼續研究「巴納姆效應」。他們請一些學生作為受試者，讓他們完成明尼蘇達多項人格調查問卷（Minnesota Multiphasic Personality Inventory，簡稱ＭＭＰＩ）。接著，研究者對研究報告進行評價。他們先寫下學生個性的正確評估，不過在給學生本人時，卻提供了真「假」兩份評估報告。當然了，所謂的假，是指報告中的文字，是用一些模糊的泛泛而談的詞句。結果，在學生拿到報告後，研究者詢問他們，哪份評估報告最切合其自身特點時，有五九％的學生認為那份假的評估報告更為真實。

無論是佛瑞的實驗，還是後來者的研究，均異曲同工的說明了「巴納姆效應」

產生的原因在於，**個體存在的主觀驗證現象。**

所謂主觀驗證，是指當有一條觀點專門描述個體本人時，個體就極可能會接受這一觀點。主觀驗證之所以能對個體產生深刻的影響，主要就是由於自我在每個人的內心占據著極大的空間。我們每個人在內心都想相信自己內在的期望。於是一旦我們打算相信某一件事時，我們就會盡己所能的蒐集各種類型的證據，以支持自己。哪怕是那些毫不相干的事情，我們也可以為其找到一個相當符合邏輯的理由，使之符合於我們內在的預想。

正是因為這種心理的存在，在現實生活中，大部分人更願意相信那些讓自己看上去更加積極和正面的事情，更願意認為自己是一個極具潛能，且具有獨立思考意識的人。結果就出現了所謂的「高帽」現象，即「諂媚效應」。而在現實生活中，頗受人歡迎的算命現象，其實就是利用了「巴納姆效應」投其所好，對來詢問者給予心理暗示。

「巴納姆效應」在現實生活中有利有弊，一方面，此種理論在市場行銷和人際溝通中隨處可見，比如成功的廣告就是對「巴納姆效應」的巧妙利用，引導和暗示消費者；而在人際交往中，那些長袖善舞的人，都有意無意的利用了「巴納姆效應」，促進人際關係的良好，給對方帶來舒適感，從而在不知不覺中，為對方戴上其所期望的高帽，進而達到自己的交往目的。

另一方面，「巴納姆效應」的存在，也讓人不能清醒的認清自己，從而導致自我迷失，進而喪失前進的方向，模糊了目標，最終導致失敗的結局。

心理學家中的「占卜大師」

關於伯特倫．佛瑞，相關的記載並不多。但是，藉由這不多的內容，卻可以窺見這位心理學家中的「占卜大師」的成長經歷，和傑出成就。

一九一四年，佛瑞出生於美國麻薩諸塞州（Massachusetts）。一九三二年，佛瑞考入了麻塞諸塞大學（University of Massachusetts）。一九三六年，大學畢業後，佛瑞進入加州大學洛杉磯分校（University of California, Los Angeles），從事臨床心理學的學習與研究，並成功獲得了碩士和博士學位。

第二次世界大戰期間，已經學有所成的佛瑞，在法國一家軍事醫院擔任心理醫生和管理人員。在這裡，他將自己的心理學研究成果，用於戰地心理治療和人員管理，得以對個體的人格和特質進行深入研究。

第二次世界大戰結束後，佛瑞返回美國，在洛杉磯的一家退伍軍人管理局心理診所工作。在那裡，他為那些經歷了戰爭創傷的軍人進行心理治療，並繼續展開相關的研究。後來，他又去了加利福尼亞州馬里布（Malibu）的私人診所工作。

在工作和研究中，佛瑞發現認知影響著判斷，由此引發了他濃厚的興趣。一九四七年，當他獲知心理學家羅斯．史坦納的研究後，產生了對個體認知與心理學展開進一步研究的想法。一九四八年，他做了關於暗示對個體決策影響的經典實驗，並由此提出了著名的「巴納姆效應」。

佛瑞的「巴納姆效應」，為後世的相關研究起到了引領作用。此後，一些心理學研究者針對這一效應，進一步展開了深入的研究，進而獲得了關於「前驅效應」和主觀驗證，對個體選擇的影響的相關結論。

美國心理學家查爾斯．斯奈德（Charles Richard "Rick" Snyder）和申克爾（Schinkel）針對「巴納姆效應」進行了一項研究。他們同樣以學生為研究對象，將他們分成三組測試。實驗者首先準備了統一的巴納姆描述，並將描述呈現給這些學生，偽裝成個性化的星座。A組受試者沒有被要求提供個人資料，B組受試者被要求提供出生月分，C組被要求提供確切的出生日期。結果顯示，C組受試者最有可能說他們的「星座」適合他們，A組受試者最不可能這樣說。這一實驗顯示，「前驅效應」對個體選擇的影響結果。

一九七七年，雷伊・海曼（Ray Hyman）針對「巴納姆效應」的危害，做了更深入的研究，進而對主觀驗證的影響進行研究。他選擇小販作為研究對象，為他們提供了一組用以欺騙客戶的術語。例如，倘若小販能取得客戶信任，則其銷售成功的機率更高。在小販的言行舉止上，向使用者傳達自己對產品可靠性的堅定信念。倘若他們可以活用最新的統計摘要、民調和調查結果，向不同的客戶展示社會各階層的人相信什麼、做什麼、想要什麼、擔心什麼等，就可以在一定程度上影響客戶的決定。

總之，佛瑞提出的「巴納姆效應」，經過心理學家的不斷研究，其背後的心理機制被不斷發掘，也被廣泛的應用於社會各領域中，發揮著或正或反的不同作用，並在一定程度上影響著人們的言行。

02

從他人的暗示中走出來

在世界音樂史上，奧雷．布爾是他那一個時代的小提琴大師，被譽為「北歐的帕格尼尼」[1]。這位音樂天才憑著對自己清醒的認知，掌握人生的主動權，從而在世界音樂史上，靠著超凡的演奏技藝、極富造詣的製琴技藝和古琴維修技術，以及小提琴鑑賞和收藏，成為一位傳奇人物。

布爾出生於挪威的卑爾根（Bergen），是家中的長子。他的父親對他寄予了很大的期望，希望他長大後能成為一名政府官員，並從小就以此為目標培養他。

1尼古洛．帕格尼尼（Niccolò Paganini）為義大利小提琴家、作曲家。

然而，出乎他們意料的是，四、五歲的布爾在音樂上表現出了過人的天賦。僅聽過母親用小提琴演奏的樂曲，他就可以輕鬆的將之再現。於是父母將他的這一特長當作業餘愛好來培養。

做公務員，還是音樂人

隨著年齡的增長，布爾在音樂方面的天分越加突出。從九歲開始，他就參加了卑爾根劇院管弦樂隊的演奏，繼而成為卑爾根愛樂樂團的獨奏者。十八歲時，父母將他送去基督教大學學習——這是將來走上從政之路的一個重要步驟。但由於考核沒能通過，布爾被這所大學拒之門外。不過陰錯陽差，這件事恰好成全了布爾的夢想——做一個音樂人。

為了實現自己的夢想，他被大學拒絕之後，就加入了一家音樂學院的音樂社團。一八二八年，社團的指揮生病離職，布爾得以憑著出色的才能接替他，成為社團的下一任指揮。

然而，社團學習的美好時光轉瞬即逝。當布爾沉浸於自己的音樂世界時，他遭受父親嚴厲的責罵，不得不照父母所願，去德國學習法律。在德國學了一段時間法律後，他那顆被音樂擾動的心，再也無法沉靜下去。於是在未經父母許可的前提下，他去了巴黎，希望可以找到學習音樂的機會。

在巴黎的前兩年，可以說是布爾人生中最為黑暗的一段歲月。那段時間，他過得相當失意，沒工作、沒錢，生活一團糟。由於總是不能及時付房租，他不得不經常搬家。

在這一過程中，布爾也曾動搖過，懷疑自己是不是當真如父母和他人所認為的，音樂只能是一種愛好，從政才是自己最好的選擇。他知道，只要自己回到家中，一切困難都可以迎刃而解。

然而，布爾不相信自己只能像他們認為的那樣——做一個公務員，只能如父母所期望的那樣做一個小官員，過著汲汲營營的生活。他堅信自己可以堅持下去，他不停的失敗再奮鬥，努力尋找著成功之門。

一八三二年，當多次轉換住所的布爾換到另一個新住處的時候，他的人生就此發生了轉折，事業的春天到來了。在新住處，他結識了摩拉維亞小提琴大師海因里希・威爾海姆・恩斯特（Heinrich Wilhelm Ernst）。因為在音樂上的共同愛好，出於對布爾的欣賞，恩斯特給予了布爾真誠的幫助。藉著這股東風，布爾得以有機會展示自己的音樂才華。

機會是給準備好的人。布爾由此為起點，最終成為世界聞名的小提琴演奏家。隨著聲名鵲起，布爾開始受邀到世界各地演出，舉行了數千場音樂會。其中，僅一八三七年，他就在英格蘭舉辦了兩百七十四場音樂會。

伴隨著聲譽日隆，布爾的個人收入也與日俱增，不復從前窮困潦倒的境況。他不但在音樂演奏上表現驚人，而且開始進行個人創作，其作品受到了人們的熱烈歡迎。

在從事創作的同時，布爾發現小提琴品質的好壞，對音樂家的演奏至關重要。於是他想：何不利用我的經驗，嘗試自己修復小提琴呢？從此，在業餘時間裡，他開始親自動手修復自己的小提琴。布爾也因此更深入了解小提琴的原理，演奏水準得到進一步的提高。

隨著修琴技術的提升，布爾對製琴產生了濃厚的興趣。於是他開始涉足製琴領域，經過認真且努力的學習，最終成了一名出色的製琴師。基於對音樂和製琴技藝的痴迷，布爾開始收集各種名琴。多年下來，他不但以卓越的製琴技藝聞名於世，也因為收藏了一些名琴，成為像阿瑪蒂（Amati）、加斯帕洛·達薩羅（Gasparo da Salò）、瓜奈里（Guarneri）、史特拉底瓦里（Stradivari）等大師級名琴的主人。

布爾自我獨特的詮釋概念與表現力、高超的即興演奏技藝，以及圓潤豐滿的音色，均散發出一股強烈而深刻的感染力，因此只要他所到之處，均會獲得一片高度讚揚之聲。可以說，其音樂才華得到全世界音樂同人的認可，音樂評論家愛德華·漢斯力克（Eduard Hanslick）如此讚揚他的演奏：「泛音與雙音的拉奏出奇的穩定與俐落，斷奏技巧則更為出色，他的演奏無人堪與匹敵，他的音色擁有完美柔和的特質。」

一八八〇年八月十七日，在卑爾根的家中，布爾因癌症與世長辭。布爾用自己成功的人生，詮釋了戰勝「巴納姆效應」之於個體的重要性。他告訴我們，個人的成長決定於自己，成就個體的是個體的自我意志，個體對自我的認識是一個主動探究的過程。一旦個體能從他人的暗示中走出來，不迷失自我，就會在不斷前進中創造更多的奇蹟。

找準定位，做自己最擅長的

俗語說：「人貴有自知之明。」大千世界的萬事萬物，常常最難認識自己，最難超越自己。基於這一原因，我們經常在生活中看到這樣的現象：某某人過於高估自己的能力，結果因逞強好勝而遭到眾人的嘲笑，最終顏面盡失；某某人則因為低估自己，凡事缺乏信心，不敢探索嘗試，一生在猶豫彷徨中度過，最終與成功失之交臂……由此可見，一個人越能盡早認清自己，越能活出自己想要的人生。世界聞名的科學家愛因斯坦，正是因為能清醒的認識自己，才最終成就其不凡的人生。

一八七九年，愛因斯坦出生於德國烏姆市（Ulm）的一個猶太家庭。一歲時，愛因斯坦隨父母遷居慕尼黑（Munich）。愛因斯坦兒時相當沉默，以致父母擔心他發音器官存在問題，特地帶他就醫。然而，隨著年齡的增長，愛因斯坦變得異常活潑淘氣，凡事喜歡追根究柢。四、五歲時，他對父親送他的袖珍羅盤產生了濃厚的興趣，一連幾天圍繞著羅盤探究無數個「為什麼」。此舉讓父親和叔叔相當頭疼，認為他是一個難纏的孩子。

不過，他們萬萬沒想到，正是這個小小的羅盤，引發了愛因斯坦的探究意識，以至於當他發現了相對論，成為聞名世界的科學家後，仍在自己的書《愛因斯坦自述》（*Einstein readme*）中提及此事：「當我還是一個四、五歲的小孩，父親給我看一個羅盤的時候，就經歷過這種驚奇。羅盤裡的小磁針好像被某種神祕的力場牽引著，這與平日裡透過接觸而起作用的力學方法完全不同。我現在還記得，至少相信我還記得，這種經驗給我一個深刻而持久的印象。我想一定有什麼東西深深的隱藏在事情後面。」凡是人從小就看到的事情，不會引起這種反應；他對於物體掉下、對於風和雨、對於月亮，或者對於月亮會不會掉下來，對於生物和非生物之間的區別等無不感到驚奇。

一八九五年，十六歲的愛因斯坦就讀於路易波爾德中學（Luitpold Gymnasium）。此時的他，開始對自己有了清醒的認知，在法語課的課堂作業——「我未來的計畫」裡，表達了他的個人規畫與遠大志向：「如果運氣好，能通過考試，我將前往蘇黎世聯邦理工學院（Eidgenössische Technische Hochschule Zürich）就讀，我會在那裡學四年數學和物理學。我想成為自然科學分支學科的老師，我會選擇其中的理論部分。促使我制定這個計畫的是這樣一些理由：首先，我個人傾向於抽象思維和數學思維，缺乏想像力和實踐能力……。」

這段文字清晰的表明，愛因斯坦對自身有著清醒的認知，知道自己所長——擅長抽象思維和數學思維，明確個人所短——缺乏想像力和實踐能力。就這樣，他憑藉對自己天賦的洞察，選擇了最喜歡也最適合的領域——科學。

從一八九五年到一九〇一年，隨家人移民到瑞士的愛因斯坦，不但自學微積分，在蘇黎世聯邦理工學院完成自己的學業，而且先後發表了兩篇關於物理現象思考的相關論文。一九〇四年，愛因斯坦和大學同學米列娃·馬利奇（Mileva Marić）結婚。為了養家糊口，愛因斯坦不得不受僱到瑞士專利局做一名三級技術人員。那是一段遠離學術中心，每週工作六天、每天八小時的上班族日子。這樣平凡無趣的生活，並沒有磨去他對自己的目標的認知，他堅持利用業餘時間進行自己鍾愛的研究。

在默默的鑽研中，被稱為「愛因斯坦奇蹟年」（Annus Mirabilis Papers）的一九〇五年到來了。這一年三月，愛因斯坦的收穫季到來。他發表了「量子論」，提出了光量子（light quantum）假說，解決了光電效應[2]問題。四月，他向蘇黎世大學提交論文《分子大小的新測定法》（*Eine neue Bestimmung der Moleküldimensionen*），並以此獲得博士學位。五月，他完成的論文《論運動物體的電動力學》（*Zur Elektrodynamik bewegter Körper*），獨立且完整的提出狹義相對論原理，由此開創了物理學的新紀元。

一九〇七年，已經晉升為專利局一級技術員的愛因斯坦，繼完成關於固體量子論的第一篇論文後，成為伯恩大學（Universität Bern）的編制外講師。一九〇九年十月，離開伯恩專利局的愛因斯坦，開始了他的專職研究工作。

一九一〇年十月，愛因斯坦完成了關於臨界乳光（Critical Opalescence）[3]的論文；一九一二年，愛因斯坦提出「光化當量」定律（law of photochemical equivalence）；一九一五年十一月，愛因斯坦提出廣義相對論，重力場方程式（Einstein field equations）的完整形式，並且成功的解釋了水星軌道異常問題；一九一六年三月，愛因斯坦完成總結性論文《廣義相對論的基礎》（*Grundlage*

2 指光束照射物體時會使其發射出電子的物理效應。發射出來的電子稱為「光電子」。

3 在臨界點附近，照射於介質的光束會被介質強烈散射。

der allgemeinen Relativitätstheorie）。五月提出了宇宙空間有限無界的假說。八月完成了《關於輻射的量子理論》（*Quantentheorie der Strahlung*），總結量子論的發展，提出受激輻射理論（stimulated emission）；一九二一年，愛因斯坦因光電效應研究而獲得諾貝爾物理學獎；一九四〇年五月十五日，愛因斯坦發表《關於理論物理學基礎的一些思考》（*Considerations concerning the fundamentals of theoretical physics*）……。

一九四八年五月十四日，以色列宣布獨立。此時已經在美國定居十多年的愛因斯坦，發表公開言論，支持以色列人民。四年後，在愛因斯坦的老朋友以色列首任總統哈姆·魏茲曼（Chaim Azriel Weizmann）逝世的前一天，以色列駐美國大使向愛因斯坦轉達了以色列首任總理戴維·本古里安（David Ben-Gurion）的信件。在信中，本古里安正式提出，邀請愛因斯坦做以色列共和國總統候選人。愛因斯坦給出的回答是：「我當不了總統。」、「關於自然，我了解一點；關於人，我幾乎一點也不了解。我這樣的人，怎麼能擔任總統呢？」

儘管愛因斯坦被其同胞們的好意所感動，但他清醒的知道自己是一個怎樣的人，因此，他委婉的拒絕了以色列政府的邀請，同時還在報紙上發表聲明，正式謝絕出任以色列總統。因為在他看來：「當總統可不是一件容易的事。」、「方程式對我更重要些，因為政治只是一時，方程式卻是永恆。」

一九五五年四月十八日，愛因斯坦因主動脈瘤破裂引發的腦出血逝世。他的一生都在清醒的自我認知的基礎上不斷的前行。他用自己的一生告訴我們「巴納姆效應」提示的道理：「**一個人的真正價值，首先取決於他在何種程度、何種意義上實現自我的解放。**」

給我一個支點，我就能撬動地球

奧托．瓦拉赫（Otto Wallach）是偉大的化學家，諾貝爾化學獎得主。他也用自己的成功，實踐了「巴納姆效應」的提示：**認清自己，不因外界的評價而妄自菲薄，用心經營自己的長處，以此收穫傳奇人生。**

瓦拉赫出生於德國柯尼斯堡（Königsberg）一個律師家庭。或許是職業使然，瓦拉赫的父親老瓦拉赫對子女相當嚴厲，家中規矩甚多。老瓦拉赫注重子女的教育，並且依據自己的經驗，為自己的孩子從小選定發展方向。而他為瓦拉赫選擇的發展方向就是文學。

因此，瓦拉赫小的時候，就在家人的引導下進行閱讀和寫作。不過，這並沒有讓他在文學上有什麼過人的表現。瓦拉赫進入中學時，第一個學期結束之後，語文老師在給他的評語中指出，瓦拉赫雖然讀書相當用功，但做事過於拘泥和死板，此類人就算是具備完善的品德，也絕不可能在文學上有所成就。

換句話說，瓦拉赫是一個過於理性和現實的人，而文學需要浪漫，從事文學創作的人需要更感性一些。這樣的批語，讓瓦拉赫及其家人特別失望。於是經過一番慎重的考慮，父母又讓他去學油畫。聽話的瓦拉赫又全身心投入到油畫的學習上。然而，瓦拉赫一不善於構圖，二不會調色，加上藝術理解力也較弱，每次油畫成績都在班上倒數第一。學期結束時，老師給出了令人難以接受的評語：「你在繪畫藝術方面不是可造之才。」

又一條成才之路斷了，怎麼辦？就在相當多的老師認為瓦拉赫笨拙，沒有發展潛力，是不可造就的人才時，他的一位化學老師卻給出了不同於他人的評價：瓦拉赫個性死板、做事認真，這種品格恰好是從事化學實驗研究所需要的特點

——一絲不苟的認真和「死板」。因此，他建議瓦拉赫不妨將化學作為自己的發展方向，從而將缺點轉化為長處，找到適合自己的位置。

瓦拉赫本人相當高興，感覺自己找到了通往成功之路。就這樣，瓦拉赫的智慧之火在化學學習中被點燃，一個學期結束後，瓦拉赫的化學成績在同學中遙遙領先，從原來的「不可造就之才」一下子成為公認的「前途似錦的高材生」。

一八六七年，瓦拉赫從波茨坦大學（Universität Potsdam）預科學校[4]畢業，進入哥廷根大學（Georg-August-Universität Göttingen）學習化學，師從著名的化學家、尿素之父弗里德里希・維勒（Friedrich Wöhler），開始有機化學的研究工作。兩年之後，他又在奧古斯特・威廉・馮・霍夫曼（August Wilhelm von Hofmann）指導下繼續從事有機化學研究，並以論文《甲苯同系物的位置異構現象》獲得博士學位。在跟隨霍夫曼研究的同時，瓦拉赫還擔任霍夫曼、維歇爾豪斯的助手，跟隨他們研究和學習。一八七〇年，瓦拉赫又幸運的成為當時在波昂大學（Rheinische Friedrich-Wilhelms-Universität Bonn）任教的德國著名化學家奧

4　一種中等教育機構，通常為私立，專為學生升入大學或學院而設立。

古斯特．凱庫勒（August Kekulé）的助手，負責實驗室的工作。

可以說，在這些化學名家的手下工作的過程中，培養了瓦拉赫一絲不苟的科學態度，為他後來成為著名的化學家奠定了扎實的基礎，更讓他深刻的認識到，走在化學研究之路上，自己定會取得預期的成就。

一八七一年，離開波恩大學後，瓦拉赫去了愛克發公司（Aktiengesellschaft für Anilinfabrikation）做工業化學家。一年後，他又被波昂大學聘請為有機化學實驗室助教，後又晉升為講師。一八七六年，他憑藉出色的研究成果成為一名副教授，繼而又晉升為藥理學教授。

在教學和研究過程中，他對油類用於藥物的整個晶族[5]進行了系統的研究。在研究中，他發現亞硝醯氯等試劑可以和萜類化合物形成固體加成物，從而分離出純淨的油類物質。

一八八九至一九一五年，瓦拉赫在哥廷根大學從事化學教學工作，同時兼任該校的化學研究所所長。在此期間，他繼續對萜類化合物進行深入研究。一九〇九年，瓦拉赫發表《萜烯和樟腦》（*Terpene and Campher*）一書。他在書中總結了自己一生在萜烯的研究中，發表過的一百多篇論文，以及對於萜類化學的研究成果，一九一〇年，瓦拉赫因首次成功合成人工香料，在脂環族化合物的研究中做出了傑出的貢獻，而因此獲得諾貝爾化學獎。

瓦拉赫一生未曾結婚，他將自己的全部精力貢獻於化學研究工作。他的傳奇經歷提醒人們，**他人的評價並不重要，重要的是你能找到發揮自己智慧的最佳點，使自己的智慧得到充分發揮，如此一來，你就可以將他人眼中的不足和缺點，轉化為優點和強項，進而取得驚人的成就**。

在生活中，個體極易因外界資訊的影響，在心理暗示的作用之下，不能正確的認識自己，總是錯將他人的言行作為自己行動的參照，從而無法正確的覺知自我。為此，兩千多年前，古希臘人將「認識你自己」刻在阿波羅神廟上，用以提醒人們正確看待自己，不迷惑於外物，更不要讓內心困擾，要保持清醒的自我認知。

5 crystal family，是晶體按對稱性分類時的第一級類別，共有低級晶族、中級晶族和高級晶族等三個晶族。

第六章

路西法效應：好人可能瞬間變壞

或許你會發現，曾經與自己相知甚深的朋友，在升職後對自己態度大變；某個極其欣賞你的上司，因為你獲得了老闆的欣賞而對你百般挑剔；某個曾經與你共患難的朋友，在你衣錦還鄉時，對你態度冷淡、敬而遠之……不必驚訝，這其實都是人性的正常反應。看一看「路西法效應」[1]（lucifer effect），你的疑團自然就解開了。

01「換了位置就換了腦袋」有依據

「路西法效應」，是指受到特定情境或氛圍的影響，人的性格、思維方式、行為方式等表現出來的不可思議的一面。它來自美國心理學家菲利普．金巴多（Philip Zimbardo）於一九七一年所做的一項名為「史丹佛監獄實驗」（Stanford prison experiment）的模擬心理實驗。

當時，金巴多為了驗證社會環境對人的行為會產生何種程度的影響，以及社會制度能以何種方式控制個體行為，主宰個體人格、價值觀念和信念，於是在報紙上刊登了如下廣告，「徵受試者：尋找大學生參加監獄生活實驗，酬勞是每天

1 路西法曾是天堂中地位最高的天使，後來背叛了上帝，而墮入地獄，變成魔鬼撒旦。

十五美元，期限為兩週。」

隨後，他對入選的七十名受試者，進行了一系列的心理學和醫學測試，選定其中二十四名身心健康、情緒穩定、遵紀守法的年輕人，並從中隨機抽出一半，讓他們飾演監獄的看守，剩下的一半飾演囚犯。接著，這些人被送到改造成監獄的史丹佛大學（Stanford University）一棟教學樓的地下室。

實驗者給扮演看守的人配發了警棍、手銬、警察制服、墨鏡等裝備，成為這裡的員警，被稱為「獄警先生」；扮演犯人的人被真正的員警從家中逮捕後送到此處，被搜身，然後被扒光衣服，清洗消毒，換上有著數字代號的囚服，戴上腳鐐、銬上手銬，接受這一監獄的管理。在接下來的時間裡，「獄警」和「囚犯」開始了自己的角色生活。

好人變惡魔只需要六天

實驗的第一天晚上，「獄警」就在半夜吹起床哨，讓「囚犯」起來排隊，以驗證自己在他們心中的權威是否已經樹立。慢慢的，每個受試者都進入了角色，「獄警」認同了自己法律執行者的身分，「囚犯」認同了自己是社會規則的違犯者的角色。

於是「獄警」變得越來越殘暴，折磨、羞辱敢挑戰自己權威的囚犯，且這種懲罰逐步升級，甚至會在半夜使用各種齷齪的手段折磨「囚犯」；「囚犯」變得越來越順從，他們逐漸認同了自己的犯人身分，慢慢的彼此之間甚至發生以命相搏的鬥毆。甚至連「囚犯」的父母也進入了自己的角色，在接見時間到來時，會怯生生的問「獄警」：「可以開始了嗎？」只有得到肯定的答覆後，才開始與扮演「囚犯」的親人交談。

實驗進行到第六天，就連以「典獄長」身分出現的金巴多本人，也陷入到了角色中，其言行表現出明顯的被帶入感：走動時下意識的背著雙手。這種典型的體態語言表示，他已經將自己當作了監獄的最高管理者。由於每個受試者均過度的投入到自己扮演的角色中，於是這所模擬監獄體現出了真正的監獄中才會有的情形，導致實驗不得不在第六天終止。然而，扮演「獄警」的受試者卻不願意如此快的結束實驗，他們好像非常享受自己在過去幾天中扮演的角色。

雖然這一實驗中途被迫中止，但金巴多的實驗目的基本達到了。事後，心理學家透過分析實驗過程的錄影發現，在實驗中，受試者們的表現驗證了如下心理行為：

1.人的可塑性。實驗中的受試者，由最初的身體健康、情緒良好且接受過高等教育，具備一定辨識能力的人，在其所處的特定環境、所扮演的特殊角色的塑造下，其意志力表現出了對情境力量的無能為力，最終被情境改造，在潛意識中表現出所扮演角色的言行、思維。這表示，**人是具有可塑性的，環境對人有著極其重要的影響力。**

2.去個人化。實驗中，由於每個角色都接受了去個人化的處理，比如「獄警」穿統一制服、戴墨鏡，掩蓋掉自己的面目，被統稱為「獄警先生」，於是就在內心獲得了一種認識：沒人知道我的真實身分，我也不用為我做的壞事負責。在這樣的心理狀態下，其行為表現明顯不同於平時的自律，表現出生活中少見，甚至不可見的言行舉止。

3.從眾行為。實驗中，受試者表現出極強的從眾行為。比如當身邊的獄警全都在體罰「囚犯」時，縱然個別「獄警」認定該行為不當、不合法，但是由於怕被排斥，他們選擇了沉默，而不是制止所見的不合法、不合理的行為。而這樣的行為，無形中縱容了暴力。這種現象表示，**在極端的環境中，個體為了被群體接納，獲得安全感和歸屬感，會產生從眾行為。**

4.角色認同。實驗中，無論「獄警」還是「囚犯」，均隨著時間的流逝慢慢的進入角色，其言行表現出所扮演角色的典型特徵。

比如，犯人在實驗的第一天曾試圖反抗，但在以失敗告終後，他們表現得越來越沉默、越來越順從和麻木，直至最後接受「獄警」的暴力言行。「獄警」則由開始的不習慣指揮「囚犯」，到最後變得越來越強硬、越來越暴躁，愛指揮、愛找碴，直到將打人當作家常便飯，將懲罰「囚犯」當作娛樂，以至於人格扭曲，表現出人性惡的一面。

最可怕的是，實驗進行到第四天，研究者提議「囚犯」放棄實驗，拿著報酬就可以離開，結果大多數「囚犯」雖然表示同意，但沒有一個人立刻離開，而是自動戴上手銬，乖乖回到囚室等待被釋放。

這表示，每一個受試者在特定環境下的態度及行為，與其所扮演的角色趨向同一性：「囚犯」徹底成了極端環境下的弱勢者，對於自己的權利喪失採取了默認的態度，忘記了自己只是在進行一個實驗。同理，「獄警」亦是如此。這都體現了他們對角色的認同。

5.權威服從。實驗中，「獄警」的扮演者在其身分權威的影響下，體現出了規矩制定者的強硬性，而「囚犯」扮演者則由於被要求必須遵守嚴格的作息時間、定期向「獄警」列隊報數等行為，一旦違反就會遭到關禁閉、打掃環境、不能吃飯，甚至體罰等懲處，於是其言行開始變得越來越順從。而「獄警」則在這種特殊的身分下，制定規則，每天履行其職責，進而對其扮演的角色越來越樂此不疲。這表示，**人類具有服從的天性，在極端的情境下，甚至會屈從於權威，背叛自己的道德規範**。

6.自我辯護合理化。即人們會自發的為自己的行為找理由，使自己的認知與行為達成一致。

實驗中，「囚犯」沒有了自己的名字，只是被一個數字代號來稱呼。這樣一來，當「獄警」對其施暴時，就會在內心自動過濾其附加的身分：同學、朋友……使之成為陌生人，於是對其所採取的任何行為均是可以接受的、合理化的。這表示，**個體在面對採取可以避免自己受到處罰或譴責的行為的時候，會做出任何不合理或不合法的言行，原因是其行為得到了某種保護，找到了某種合理的藉口或理由**。

金巴多在《路西法效應：在善惡的邊緣了解人性》（*The Lucifer Effect*）一書中，詳細描述了這一實驗，用以證明**人受到情境或當時氛圍的影響，會在性格、思維方式、行為方式等方面，表現出人性中不可思議的一面**。

後來，這一個心理學實驗先後被德國導演奧利弗·西斯貝格（Oliver Hirschbiegel）、美國導演保羅·舒爾靈（Paul T. Scheuring），從不同的角度，用電影的形式呈現出來。這就是著名的電影《死亡實驗》（*Das Experiment*）和《叛獄風雲》（*The Experiment*）。

隨著兩部電影的放映，人們在觀影的同時，對於人性有了更為深入的思考：情境的影響是如此巨大，個體最初並不曾表現出來惡的一面，當處於某種特殊的情境下時，會屈從於情境的影響。由於失去了自我思考的能力，其內在的惡的本性，會在有意或無意的誘導下表現出來。

每人心中也有路西法

身為史丹佛監獄實驗的主持人，金巴多因這一實驗而飽受爭議。不過，我們必須承認，他是一位傑出的心理學家，是一位敢於觸碰人性陰暗面的勇敢者。而其在心理學上的成就，同樣也證明了他的成功。

金巴多是來自西西里島的義大利移民後代，他於一九三三年出生於美國紐約市布朗克斯區（The Bronx）。由於他從小生活貧困，經歷過各種歧視和偏見，加上居住在這一遍布貧民窟的地區，他對於貧窮對個體影響之深相當了解。可以說，早年的這些經歷影響了他對人性的探索。

一九五四年，金巴多於紐約布魯克林學院（Brooklyn College）本科畢業，獲得心理學、社會學和人類學三重專業的學士學位，以及最優等拉丁文學位榮譽。隨後，他進入了耶魯大學，繼續攻讀心理學碩士學位，並於兩年後順利完成學業。

接下來，他又在這裡念了三年的博士，於一九五九年獲得該校心理學博士學位，隨後留校任教。一九六〇年後，他先後受聘於紐約大學、哥倫比亞大學和史丹佛大學，從事心理學研究和教學。一九七一年，他接受了史丹佛大學心理學教授的終身職位。

也就是在這一年，他在美國海軍研究辦公室[2]的資助下，進行了史丹佛監獄的實驗。透過這次實驗，他發現了個性特徵可能在暴力或順從行為的表現上產生作用。

他指出，人類不能被定義為善或惡，因為每個個體都有能力兩者兼而有之。當個體沉浸在影響人性的「整體情境」中時，他們會被引導以非理性、愚蠢、自我毀滅、反社會和無意識的方式行事，從而挑戰人類對個體人格、性格和道德的穩定性及一致性的認識。

此次實驗後，金巴多開始利用各種途徑，用心理學為人們提供幫助。為此，

---

2 Office of Naval Research隸屬於美國海軍部，負責為美國海軍和海軍陸戰隊進行科技研發的組織，一九四六年由美國國會授權成立，其使命是為了維持美國為了海軍實力並維護國家安全，籌劃、培養及鼓勵科學研究。

他設立了害羞診所（The Shyness Clinic），專門治療成人和兒童的害羞。他還參與了美國公共電視臺的獲獎節目《探索心理學》（*Discovering Psychology*），並在節目中擔任主持人，為人們講授心理學知識，向大眾普及心理學。

此外，還出版了《害羞》（*Shyness*）、《心理學》（*Psychology and Life*）等廣受歡迎的系列教材和多媒體素材。因此，他被稱為「心理學的形象和聲音」。後來，美國心理學會鑒於金巴多教授四十多年來在心理學研究和教學領域的傑出貢獻，特別頒發了歐內斯特·希爾加德（Ernest Ropiequet Hilgard）普通心理學終身成就獎給他。

儘管金巴多在心理學方面有著如此眾多的成就，但他的史丹佛監獄實驗，仍是迄今為止令人矚目的成就。對於這一實驗，人們褒貶不一。但必須承認，這一實驗充分的展示了人性，引發了全球心理學界重新審視以往對於人性的天真看法。

二〇〇七年，金巴多教授首次以書籍的形式，談及這一實驗，同時結合二〇〇四年他參與的伊拉克阿布格萊布（Abu Ghraib）監獄美軍虐囚案[3]，就其引發的社會現象，對複雜的人性進行了深度剖析，解釋了「情境力量」對個體行為的影響。

他的闡述讓社會公眾對人性的認識更為深入，也啟示人們思考：日常生活中，在種種社會角色劇本的規範與約束下，每個個體是否會像路西法一樣，於無意識中對他人做出難以置信之事，進而墮落下去。也因為這一認識，史丹佛監獄實驗中所反映的心理學現象，被稱為「路西法效應」。

3 指二〇〇三年伊拉克戰爭爆發初期，美國軍隊占領伊拉克後，美軍和英軍人員在伊拉克巴格達省阿布格萊布監獄中對伊拉克戰俘的一系列侵犯人權行為，包含施行身體虐待、性虐待、酷刑、強姦、雞姦和謀殺。

02 環境造人，難怪孟母要三遷

在中國歷史上，有一個著名的故事——孟母三遷。故事中，被譽為「亞聖」的孟子的母親，因為顧慮周圍環境的不良影響，曾帶著孟子先後三次搬家。

孟子小的時候，父親早逝，母子兩人相依為命。最初，他們的家在墓地旁邊。孟子和鄰居的小孩，看著周圍的人跪拜、號哭的樣子，也玩起辦理喪事的遊戲。當孟子的母親發現兒子的這些行為後，不由得皺起眉頭，心想：如此下去，對孩子的成長很不利。於是她決定帶著小孩搬家。

這次，孟子的母親選擇在市集旁邊安家。搬到這裡沒多久，市集的熱鬧就吸引了孟子。耳濡目染，孟子又和鄰居的小孩學起商人做生意的樣子。只見他們一會兒鞠躬歡迎客人光臨；一會兒熱情的招待客人；一會兒又和客人就商品討價還價，表演得很逼真。孟子的母親看著這一切，知道這個地方也不適合自己的孩子居住。

母子倆第三次搬家時，孟子的母親想著要讓兒子成為一個怎樣的人。她認為自己的兒子應該成為知書達禮的人。因此，她帶著兒子搬到了一所學堂附近。這次，孟子的母親發現孟子開始變得守規矩、懂禮貌，喜歡讀書。聽著兒子朗朗的讀書聲，看著兒子知書守禮的行為，孟子的母親知道這回選擇的住處是正確的。

「孟母三遷」的故事在中國可謂家喻戶曉，而它之所以能廣為流傳，是源於一位偉大的母親對兒子的愛。但實際上，從心理學角度來分析，這個故事顯示出環境對個人的影響。

環境造人

中國有句俗語：「近朱者赤，近墨者黑。」這句話的道理和「孟母三遷」一樣，都強調了環境對個體成長的影響之深。也正是基於這種原因，許多國家同樣上演過各種版本的「孟母三遷」的故事。

在美國，孩子剛出生，家長就面臨搬家擇校的問題。他們的想法和孟母一樣，同樣也是出於對孩子教育成長的考慮。於是，美國好學區的地價同樣異常昂貴。聖瑪利諾聯合學區（San Marino Unified School District）在美國西海岸洛杉磯排名第一，這裡有著名的漢廷頓圖書館（Huntington Library），毗鄰加州理工學院（California Institute of Technology），有著濃厚的文化底蘊、優質的教育資源——這裡的每所學校都被評為加州傑出學校和美國藍帶學校[4]。正是由於這些，儘管這裡沒有公寓，只有獨棟別墅，一棟獨棟別墅最低價高達兩百萬美元。

相比這裡，五英里（約八千多公尺）外的一棟三房帶車庫、游泳池的獨棟別墅，僅需五十萬美元。當然了，離這裡越遠，房子的價格就越低廉。這樣的房價，即便是在金融危機期間，也不會降太多。就算是在中小學公立教育都免學費的美國，但在如聖瑪利諾聯合學區，家長每年也要為孩子繳納「贊助費」兩千美元。

居住在這樣的學區，孩子所見的景物是怡人的，所接觸的人層次必定不低，無論是談吐還是舉止，必定會對孩子產生良性的引導和影響。於是情境的良性作用就會對人產生正向的引導，從而引導孩子走向優秀之路。正是基於這個原因，許多美國家庭也就出現了「孟母三遷」式的搬家、擇校行為。

嚴謹的德國人也不例外，同樣上演著「孟母三遷」的情節。一對德國夫婦為了孩子的上學問題，甚至引發了夫妻衝突。原來，為了明年就要上學的孩子，母親認為，優先選擇離家近的小學，而父親則堅持認為，離家半個多小時車程的另一所小學更好。畢竟學校的這個外在情境對孩子成長的作用不可低估。最後經過慎重考慮和磋商，夫妻兩人達成共識，選擇將房子賣了，租屋住到父親中意的學校附近。另一對夫妻也在孩子學齡時上演了同樣的故事。他們選擇賣掉原來的住房，貸款在當地一所學校所在的區域買房，就是因為房子周邊環境好，居民屬於社會上層人士。儘管價格不低，但夫妻兩人認為，「周邊環境對孩子成長的影響特別重要」。

在韓國，家長為了讓孩子生活的情境發揮正向的影響，同樣寧願賣掉教育水準較低的地區住房。韓國首都首爾市，在韓國屬於教育水準高於其他地方的城

---

4 Blue Ribbon School，係指學校在領導、課程、教學、學生成就和家長參與，具有傑出表現而接受表揚的卓越學校。

市，而首爾市江南地區的教育氛圍，更是優於其他地區。因為這裡有最好的教育資源和課後學習班，學習氛圍濃厚、競爭激烈。因此，不僅首爾市的家長選擇舉家在此租住或購房，甚至許多家長還會為此從其他城市搬到首爾居住。

可以說，以上行為的發生，是基於外在情境對個體的影響。正是因為深知環境對人的影響，才會形成中外相同的學區房、擇校現象。而這也從一個側面證明了「路西法效應」的影響。

最年輕的諾貝爾化學獎得主

提起居禮夫人（Maria Skłodowska-Curie），很多人都知道這位女性物理學家，她也是眾多女性勵志者的楷模，更是視功名為糞土的代表。但相當多的人不知道她的女婿讓．弗雷德里克．約里奧—居禮（Jean Frédéric Joliot-Curie）同樣也是一名傑出的人物，更是「路西法效應」的反向證明者。

一九〇〇年，讓．弗雷德里克．約里奧—居禮出生於法國巴黎的一個富裕家庭。家境的優越，使得父母可以為他提供良好的生活和學習環境。中學階段，父親就把他送到當時一所相當著名的貴族私立學校，希望他可以在這裡接受良好的教育，培養其紳士風度和優秀品格。

這所學校彙集了相當多的貴族子弟，他們過著奢侈的生活，對於學業則有些隨意。作為這裡的一分子，沒多久的時間，聰明的約里奧也一改小學時好學上進的品性，變得不再專注學習，每天只想著如何玩樂、揮霍金錢、打發時間。

看到約里奧的變化，父母相當頭疼，他們先是苦口婆心的告訴兒子，一個人的人生價值應該是什麼，還舉了相當多的事例，更用自己的成長經歷和所見所聞勸誡兒子。結果這些方法無一奏效。對於約里奧來說，父母的話如耳邊風，一吹即過，了無痕跡。憂心如焚的父母苦思解決問題的方法無果後，不得不眼睜睜的看著兒子一步步墮落下去。

就在這時，一件事情讓約里奧發生了徹底的改變。一九一四年十月十七日，約里奧像平時一樣，和一群公子哥相約去郊外打獵。打獵結束後，他餘興未消的返回家中，一邊回味著打獵時的興奮心情，一邊想著哪天再去盡興的玩一次。

他漫不經心的與家人打著招呼，結果抬頭間卻發現父母滿臉是淚。他感到非常奇怪，要知道，母親一向舉止優雅，即便是自己闖了禍，她也不曾如此。他追問母親究竟發生了什麼事。母親還沒開口，就泣不成聲。此時，約里奧才意識到問題的嚴重性。相較於母親，身為男人的父親則冷靜不少。他告訴約里奧，他的哥哥亨利在戰役中「失蹤了」。隨著父母放聲痛哭，約里奧一邊喃喃著：「失蹤了」，一邊癱坐在地。

在戰爭時期，「失蹤了」換個詞就是「陣亡」。約里奧一想到再也見不到優秀的哥哥，不由得放聲大哭。在哭聲中，他的眼前閃現著哥哥的笑容，哥哥的話語響徹於他的耳邊。

當天，約里奧首次認真的思考了生命的意義。他意識到生命是如此短暫，自己如果繼續像現在這樣，每天吃喝玩樂、虛度一生，不但會讓父母痛心，自己將來回想往事時，也必定痛悔不已。痛定思痛，約里奧決定改變。

從此之後，他脫離了那個只知吃喝玩樂的小群體，開始好好學習。十八歲那年，他偶然間從雜誌裡了解到居禮夫人發現鐳的艱難歷程，為居禮夫婦堅定不移的意志所打動，同時，他也折服於居禮夫婦獲得的巨大成就。他不但將雜誌上刊登的居禮夫婦在實驗室裡一起工作的照片剪下來，請畫家姐姐為其裝上畫框，然後將畫框放在自己的洗手間裡，每天盥洗時，看著這對偉大的夫妻，激勵自己不斷努力。同時，他還閱讀他們的生平傳記，模仿他們的生活。

一九一五年，改邪歸正的約里奧進入巴黎拉卡那中學念高中，經過努力，一九一八年，他以每門功課都是第一的優異成績，被居禮夫婦發現鐳的所在學校，巴黎高等物理化工學院（École supérieure de physique et de chimie industrielles de la Ville de Paris）錄取。不過很快的，因為服兵役，約里奧離開了學院。戰後，他再次回到巴黎高等物理化工學院工作，師從物理學家保羅・朗之萬（Paul Langevin）。

約里奧的興趣在物理、化學方面，於是他請求朗之萬教授接受他在實驗室工作。一開始朗之萬因為他沒有在高等學府接受正規教育而拒絕，直到後來發現了約里奧在物理學上的潛力，認為他極具培養前途，才接受了他的請求。

在進一步的接觸中，朗之萬了解到約里奧對居禮夫人的崇敬之情，以及他走上物理學之路的原因時，遂決定送他到居禮夫婦身邊。

一九二五年，朗之萬和居禮夫婦商量後，就將約里奧安排到居禮夫人的實驗室去當助理實驗員，成為居禮夫人在放射性學會的助手，也成為研究所裡最聰明最活潑的一位學者。

後來，約里奧和居禮夫人的長女伊雷娜・約里奧－居禮（Irène Joliot-Curie）墮入愛河，並結為夫婦。婚後，兩人將他們的姓氏更改為「約里奧－居禮」。隨後，約里奧在從事放射性元素電化學分析期間，獲得了理學士學位和理學博士學位。從此，約里奧和他的妻子如同他崇敬的居禮夫婦一樣，開始了實驗室裡形影相隨、並肩工作的生活。

在研究工作中，約里奧和妻子合作研究原子結構，主攻原子射線。最早的時候，他們在實驗中得到中子，但未能正確識別。結果使他們與一九三五年的諾貝爾物理學獎失之交臂。後來，他們又是最早在實驗中得到正電子，但是同樣因為未能正確識別，與一九三六年的諾貝爾物理學獎失之交臂。

不過，約里奧和妻子因為發現了穩定的人工放射性元素，而共同獲得一九三五年的諾貝爾化學獎。兩年後，約里奧離開了放射性學會，擔任法蘭西學院（Le Collège de France）教授，參與連鎖反應和核反應條件的研究，並成功透過利用鈾和重水實現可控核分裂的核反應產生能量，成為連鎖反應的主導科學家之一。

除了在科學上的成就，約里奧也為世界和平做出了卓越的貢獻。身為著名的和平衛士，他一直對戰爭持否定態度。第二次世界大戰德國侵略者占領法國期間，約里奧和妻子始終勇敢的與法國地下組織密切配合，並肩戰鬥，為抗擊德國侵略者而貢獻自己的一分力量。

此舉自然激怒了一小撮反動分子，因此約里奧被免去法國科學研究院院長和法國原子能委員會主席之職。儘管他們在學術上的成就因此受到影響，但他們對人類科學史和文明史的貢獻，卻永遠被後人銘記在心。

以上事例證明了「路西法效應」的存在，提示我們，**個體身處那些惡劣的情境時，會引發人性內在的惡，相反，個體處於良好的環境中時，其人性內在的善也會被激發出來，從而使得個體做出許多正向的行為**。

由此可見，外在情境的選擇，決定著事後的結果。同樣，巧妙的利用外在情境，可以達到或正或反的效果，而要改變最終的結果，就需要借助於一定的行之有效的規則約束，以杜絕不良情境對個體的影響，發揮正向情境的引導作用，從而打造一個良好的社會情境。

第七章

自利性偏誤：
好結果歸因自己，
壞結果歸因他人

在現實生活中，經常看到一種人，他們常常把成功歸於自己的付出，把失敗歸咎於他人的問題或外部環境的不利，以推卸自己的責任，減輕自己的內疚心理。這種現象就是心理學上的「自利性偏誤」（self-serving bias）。

01 人類最強而有力的偏見表現

什麼是自利性偏誤？自利性偏誤又稱自我服務偏見，是指一切因為需要保持和增強自尊，而扭曲的認知或感知過程。也可以說，這是一種傾向於以符合自己信念的方式來解讀資訊，並做出對自己有利的假設。

我們總是對的

一般來說，人們習慣於將自己的成功歸因於個人的能力和努力，卻將自己的失敗歸因於外部因素。一旦個體拒絕接受負面回饋的有效性，開始關注自己的優點和成就時，就會忽視自己的錯誤和失敗。尤其在團隊生活中，如果個體在團隊的工作中承擔了比其他成員更多的責任時，他們就會出於自我保護的目的，將功勞歸功於自己，而將責任指向他人。長時間下來，個體就會形成錯誤的認知，對事物產生一定的感性傾向，如此一來就會導致個體長期處於幻想和錯誤之中，形成自私自利的個性，以致影響個人的成長和發展。

自利性偏誤是社會心理學中，最富有挑戰性而又證據確鑿的結論之一，是美國心理學家大衛．邁爾斯（David G. Myers）在其所著的《社會心理學》（*Social Psychology*）一書中提出的。它是人類天生的一種認知傾向，可以讓個體從對自己的肯定評價中獲得良好的感覺，以緩解壓力，從而幫助個體應對生活中出現的挫折。

自利性偏誤是人們最強有力的偏見表現之一，也是造成人際衝突的重要原因之一。那麼，這一現象產生的原因是什麼呢？

首先，自利性偏誤源自於比較心理。眾所周知，共生於同一社會叢林中的個體，其實是一種共生的關係。然而，個體之間為了不輸給對方，會不由自主的產生競爭心態，即比較心理。

在平等的競爭狀態下，每一個個體都會在比較心理的驅使下，獲得良性的發展，達到雙贏的結果。一旦共生的一方由於虛榮心理作怪，將比較心理演變為攀比心理，就會產生極端的心理障礙和行為，此時「自利性偏誤」就產生了。這時的個體會在多數主觀的和社會讚許方面，單方面認為自己比對方強，認為自己更優秀。

其次，自利性偏誤還產生於個體的盲目樂觀心理。研究顯示，在相當多的情況下，多數人會對事物持樂觀的看法，認為好事更可能發生在自己身上，而壞事往往會發生在別人身上。這就是社會心理學上的「虛假一致性」和「虛假獨特性」問題。虛假一致性表現為，個體經常過高的估計他人對自己觀點的贊成度，從而支持自己。虛假獨特性則表現為，個體會認為自己的才智和品德超乎尋常，從而滿足自己設定的自我形象。在這兩種情況下，自利性偏誤就產生了。

無論是盲目樂觀引發的「自利性偏誤」，還是「虛假一致性」和「虛假獨特性」引發的「自利性偏誤」，就其本質而言，都是歸因錯誤，是將好的結果歸因於自己，把壞的結果歸因於他人。它只會讓個體更加脆弱，不對未來做好提前的預防和規畫，讓自己僅看到自己的影子，而不是世界本身，僅從自己的理解看待他人，高估對方對自己的欲望，自以為是的猜測他人的思維和行事方式，從而影響人際交往，給自己招致不必要的麻煩或損失。

如何克服「自利性偏誤」產生的自我美化，從而減輕其對個體的影響呢？最好的方法就是在人際相處中學會換位思考，不斷學習和提升自我認知，從而克服本能存在的這種偏見，讓自己能夠客觀的看待人事物，從而杜絕「自利性偏誤」的影響。

幸福必備十大要素

作為社會心理學中的一個重要概念，自利性偏誤能讓人們深刻的認識自我，客觀的看待自己和他人，從而自覺的提升自己，學會換位思考。那麼，這一重要的心理學概念的提出者——大衛．邁爾斯是怎樣的一個人呢？

一九四二年，邁爾斯出生於美國華盛頓州的西雅圖（Seattle）。一九六〇年，十八歲的邁爾斯從西雅圖的安妮女王高中（Queen Anne High School）畢業。隨後，他進入惠特沃斯大學（Whitworth University）就讀，並於四年後以化學學士身分畢業。畢業後，他進入愛荷華大學（The University of Iowa）繼續研究生階段的學習，不過他卻選擇了與之前完全不同的方向——社會心理學。一九六六年，他於愛荷華大學獲得了社會心理學碩士學位，第二年，又以《增強社會情境中的初始風險傾向》（*Enhancement of Initial Risk Taking Tendencies in Social Situations*）為題的論文，獲得社會心理學博士學位。

此後，邁爾斯進入美國密西根州霍普學院（Hope College-MI-Holland），從事自己熱愛的心理學研究和教學，並一直在此工作。一開始，他只是一名助理教師，三年後，他就成了心理學副教授。到了一九七五年，他已經成為該校的教授。他在自己熱愛的心理學領域勤奮耕耘，在進行心理學研究和教學的同時，也收穫了自己的研究成果。

他成為心理學教科書最重要的作者之一，先後編寫了《心理學》（*Psychology*）、《探索心理學》（*Exploring Psychology*）、《社會心理學》等流行教科書；他的作品還為科學心理學相關問題的普通讀者提供了幫助。除了這些專業書籍，他還出版了六十多本書，並在專業期刊上發表了許多學術研究文章。這些成果的出版使他成為當代版稅收入最高的心理學家之一。

鑒於邁爾斯在研究和寫作上的突出貢獻，他先後被美國心理學會授予「高爾頓·奧爾波特」獎，美國腦和行為聯合會授予其傑出科學家獎，美國人格及社會心理學分會授予其傑出服務獎。二〇一一年，美國科學院授予他「總統獎」。

邁爾斯對心理學的熱愛，讓他進一步沉醉於相關研究中，並為心理學發展做出了相關貢獻。邁爾斯在提出「自利性偏誤」原理的基礎上，也對正向心理學進行進一步研究，在成為正向心理學運動的支持者之一後，向外界公布了他基於「自利性偏誤」原理，而提出了他認為的幸福十大要素。

1.成功並非持久幸福的本源。這是因為，人的心態會隨著環境的改變而改變。財富就如同健康一樣，完全沒有財富會相當悲慘，不過擁有了財富並不一定能確保個體擁有幸福，對於個體渴望的其他任何東西來說都是如此。

2.做好時間管理。幸福的人之所以認為可以掌控自己的生活，這源於他們能夠很好的掌控自己的時間。個體會在「自利性偏誤」的影響下，高估自己的能力，認為自己每天可以做很多的事情，於是一旦無法完成設定的目標時就會產生挫敗感。同時，個體也會低估自己在全年獲得的成就，但實際上，個體每天都在取得一點進步，積少成多，就會在一年裡獲得超過預期的成果。因此，做好時間管理，練就時間掌控能力，能有助於建立目標，將大目標分解為每天可達成的小目標。

3.保持微笑。微笑可以讓個體獲得輕鬆愉悅的狀態，獲得良好的自我感覺。反之，愁容滿面，則會令個體心情抑鬱。因此，隨時露出微笑的表情，會讓自己擁有更高的自尊，更加樂觀、外向和友好，進而創設良好的人際關係，讓自己形成良好的情緒。

4.做可以發揮個人技能的工作和休閒活動。幸福的人經常處於一種「心流」狀態。因此，要讓自己投身於可以令自己感受到挑戰，且不會產生挫敗感的事情中，以增加自己的「心流」體驗。他指出，運動、社交或手作所帶來的「心流」體驗，比坐在昂貴的遊艇上更多。

5.進行有氧運動。邁爾斯熱愛運動，常年騎自行車上下班，每天中午都會打籃球，而且是所在學院籃球隊的粉絲。他以自己的切身體會告訴人們，從事有氧鍛鍊不但可以促進健康、帶來活力，還可以消除輕微的憂鬱和焦慮。

6.保證充足的睡眠。研究顯示，幸福的人能夠保持活躍的狀態，讓自己精力充沛。而且，他們還會留出時間來補充睡眠。相當多的人由於缺乏充足的睡眠，總是感到疲憊乏力、注意力下降、心情低落，自然無幸福感可言。

7.重視親密關係。信任有益於身心，尤其是來自親密關係中的信任。因此，要與那些相當在乎你的人保持親密的友誼，以此形成自己的社會資源，幫助自己度過困境。要心懷感恩之心與他們相處，肯定他們，分享彼此的感受。

8.學會關注和幫助他人。給予是快樂的，要學著幫助那些需要幫助的人。須知，做很多善事、助人行為會增加幸福感，做好事也會讓人自我感覺良好。

9.心存感激。要對生活中的各方面，包括擁有的健康、朋友、家庭、自由、教育、理智、自然環境等心存感激。如此一來，就會體驗到更多的幸福感。

10.讓自己的精神生活更豐盈。讓自己擁有一種信仰，這不但可以為自己提供一種社會化的支援，還能讓自己獲得目標感和希望感，從而將關注點從自己身上轉移到其他的人或事上，以便具備更好的應對危機的能力。

02 你的對手不是別人，是自己

一九五四年，法國盧昂市（Rouen）的一個家庭中，一個男嬰出生了。隨著年齡的增長，這個相貌端莊、聰明伶俐的孩子法蘭索瓦·歐蘭德（François Hollande），展示出天生的好口才，這讓他從小學開始就在無數次校級演講中獲獎，贏得了眾人的關注。

與此同時，他也在處理班級事務中表現出了與眾不同的組織和政治天賦。到了中學，他已經成為首屈一指的風雲人物。但凡學校團體的比賽，他均樂於參與且全力以赴。

或許是因為一路的順風順水，他開始表現出傲慢，甚至自以為是的態度。上高中後，儘管他依舊富有才華，卻一直沒有展示自己的機會。直到高二時，他終於獲得了一個機會——學校新年晚會的總編輯。這對他來說，真的是不容錯過的機遇。

因為身為總編輯，他需要清楚整個晚會的流程和內容，做好整場晚會的文字準備與編輯工作。他認為自己大顯身手的機會到了。於是他將自己關在宿舍裡好多天，編寫主持人的臺詞和晚會的串場臺詞。看著自己的成果，他頗為自得，自以為一定會贏得滿堂喝彩。

然而，當他將這些「成果」交給晚會的總導演，也是學校教務處的副主席法克（Frank）時，嚴厲的法克先生，用苛刻且不信任的目光看著這個毛頭小子，從他的身上看到了藏也藏不住的不可一世。

在法克看來，整場晚會能否獲得成功，編輯工作顯得至關重要。倘若編輯工作不到位，或者編輯不會組織活動，那麼整場晚會就無法順利完成，甚至成為敗筆。

當他閱讀著這份「閉門造車」弄出來的稿件，看到那些漏洞百出、沒什麼用的文字時，他知道，這個不可一世的傢伙，完全不了解編輯工作的重要性，甚至不清楚哪些環節重要。於是他相當乾脆俐落的通知對方：總編輯工作另覓他人。

打敗昨天的自己

信心滿滿，等著得到欣賞和肯定的歐蘭德懵了。他感到委屈，認為對方不公平，自己寫得那麼好，怎麼會不合格？他根本不是看內容，就是看自己不順眼。在痛哭一場後，他找到總導演，以及學校裡的一些主管，要求總導演收回成命。而且他一再保證，給自己一次機會，肯定會讓他們滿意。

他的憤怒和請求沒能獲得同情，相反，他的表現讓師生看在眼裡，更加坐實了他的自以為是。痛定思痛，他在幾經反省後，意識到自以為是害了自己，必須以謙虛的態度從頭做起，並決定無論結果如何，也要讓大家看到自己的改變。

於是他向老師詢問、向同學請教，而且誠心的請一位具備良好音樂天賦的同學，和一位極具表演才華的同學來協助自己，在宿舍裡模擬整場晚會的全部節目，與兩位同學一塊錘鍊臺詞，盡可能做到每句臺詞都逼真的反映現場氣氛。整整熬了兩個通宵，他重新編撰了晚會稿件，最後以一種學習的心態，將它送到了總導演的書桌上。

當總導演看到時，他從行動上看到了這個學生的真誠和反省，也從字裡行間看到了他所下的功夫，因為開場白出類拔萃，串場臺詞維妙維肖，文字與整場晚會融合得很順暢。

就這樣，這個端正態度、正確的認識了自己的學生——法蘭索瓦．歐蘭德，憑著誠懇學習的精神和踏實做事的態度，借助於一場經典的傳奇式補救措施，完成了學校晚會的編輯組織工作，驚豔了全校師生，從此他被大家認定未來必會成為一個驚天動地的人才。

一週後，歐蘭德在校報上刊登了一篇題目為〈打敗昨天的自己〉的文章，結合這次經歷，深刻的反省自己，並指出：**人最大的對手不是別人，而是自己，人無時無刻不在與昨天的自己鬥爭，你的目標是打敗昨天的你，不能讓昨天的你凌駕於今天的你，和明天的你的脖子上面。**

後來，歐蘭德的確用自己的行動證明了他的改變：大學畢業後，他憑著自己的演講天分，從一個無名小卒，成長為法國社會黨的領袖，直至成為法國總統。在他的競選演講中，他提醒大家：學會反省自我，昨天的我不堪一擊，今天和明天的我一定是最優秀的。

歐蘭德以自己改變後獲得成功的例子，告訴人們，個體的成功需要不斷成長，而在成長的過程中，能正確的認知自我，不被盲目的自我美化迷惑，方能縮短成功之路，最終獲得豐碩的成果。

與自己的內在對話

「我想變成一顆明亮、璀璨的星星」、「我希望人們在聽到我的歌時，能少看到一些黑暗」，一種渴望的情緒，伴隨著絲絨般溫柔的聲音傳達出來，這個聲音的主人，就是南非歌手拉里．喬（Larry Joe）。

三十一歲的喬有著不堪回首的過去。這個來自底層黑人家庭的歌手，與家人過著貧困不堪的生活。十三歲時，儘管和父母搬到了一所小房子裡，但生活仍舊窘迫不堪，甚至經常挨餓。喬清晰的記得，妹妹有一次哭著對他說，很想吃麵包，但喬無法滿足妹妹，因為當時別說麵包了，家裡沒有任何東西可吃。

喬開始仇恨這個社會，認為社會是如此不公平，自己和家人的不幸都是這個社會造成的。後來，喬認識了一些壞朋友，開始產生了「仇富」心理，認為自己和家人的貧困，是因為有錢人奪去了所有的資源和好東西。於是，喬和他那些所謂的「朋友」開始了偷盜生涯，成了犯罪集團中的一員，希望可以藉此減輕家裡的負擔。他們開始每天談論偷些什麼、目標是哪裡、如何偷。最後，喬不但沒能將家人從貧困中解救出來，反而將自己送進了監獄。

在南非的道格拉斯監獄中，他每天僅能透過小小的窗戶，看到一片狹小天空上的七顆星星，更不能與家人團聚。就在他服刑期間，年邁的父親離他而去，而他卻無法參加父親的葬禮，送父親最後一程；一歲半的女兒夭折了，自己沒能見女兒最後一面。他閉上眼睛，眼前彷彿還是自己入獄前看到的那一幕：小小的女兒身上插滿了醫療器材。

那天，獲悉女兒去世的消息時，喬幾乎崩潰了。他陷入一片死寂之中，苦苦思索自己的人生：他回憶自己做過的每一件事，認定自己原來是一個好人，可是自己的人生為什麼會發展到如此糟糕的地步？

在苦苦思考後，他深刻的認知到，造成自己今天的悲劇的是自己，而非外界，更不是那些有錢人。自己不能再將犯罪歸咎於想擺脫貧困、想讓妹妹吃上麵包。

他決定從此做一個好人，讓自己獲得重生。於是，喬做了一個重大的決定，透過開發自身才能，找到自己內心渴望的平靜，做回自己，努力成為一個紳士。

在入獄的第八個月，他開始和吉他、歌曲為伴，並在內心重新燃起了生活的希望。他請求獄方將自己單獨拘禁，接著在一人牢房中用幾個月的時間創作歌曲。在創作中，他將自己的真情實感寫入歌詞當中，然後一邊狂亂的彈奏著吉他，一邊放聲歌唱，希望可以用吉他將自己的感受恰到好處的傳達出來。正是由於他將情感融入其中，他的歌聲讓聽者心碎。

喬的歌聲打動了監獄管理人員，二〇〇八年十二月一日，當南非頂級音樂團體之一的鮮蘑樂團（FreshlyGround）為紀念世界愛滋病日，在道格拉斯舉辦音樂會時，喬在得到政府部門的許可後，參加了這次義演。他的表演讓觀眾震驚，讓觀眾瘋狂，成功的贏得了大量的粉絲，也打動了一位音樂製作人，他就是鮮蘑樂團的創始人阿倫．圖雷斯特．史瓦茲（Aron Turest-Swartz）。

史瓦茲聽到喬的音樂，感到那聲音是如此曼妙，讓人產生飄飄然之感，於溫柔中蘊含著對生命的渴望、對生活的嚮往。史瓦茲看到喬的粉絲因為喬的歌聲而瘋狂，他知道，喬的歌聲是有生命的，只有經歷過人生波折的歌手，方能唱出這樣的歌曲。

後來，史瓦茲去監獄看望喬，與喬交流，了解到喬的心路歷程，並聆聽了喬在獄中所寫的四十首曲子中的一部分。隨後，他決定為喬錄製專輯，以CD的方式將他的歌聲和渴望傳達出去，也給喬一個獲得重生的機會。就這樣，單人牢房變成了錄音室，史瓦茲和喬在整個寒冷的冬季都在那裡忙碌。

二〇一〇年十二月十三日，喬在監獄裡錄製的專輯正式發行。與此同時，喬也在服刑兩年零十個月後，因在獄中表現良好，獲得假釋出獄。當天下午，喬在監獄前舉辦了一場特別的演唱會，一方面慶祝自己重獲自由，另一方面為自己的CD《瘋狂生活》（*Crazy Life*）的發行開聲。喬用一首〈讓你知道〉（*Let You Know*）道出了自己重獲新生的喜悅之情，也表達了對新生活的熱愛。

那是一場並不盛大但足夠熱烈的演唱會，喬走下舞臺，來到獄友們中間，被他們包圍著，大家一起縱情歡跳。而在舞臺邊上，獄警們也隨著音樂愉快的與囚犯們共舞。自我認知讓喬看到了自己的內心，清楚自己的思維誤區，糾正了「自利性偏誤」，從此改變了人生！

第八章

錨定效應：
第一印象真的很重要

人們在做出決策時，思維往往受獲得的第一印象所左右。第一印象往往以一個限定性詞語，或規定性行為的形式，將人的思維固定在某處，如同沉入海底的錨，將漂浮不定的輪船固定在大海中一樣，從而導致對策思考的受限。這種現象就是心理學上的「錨定效應」（anchoring effect）。

01

誰說人是理性的

「錨定效應」，是指**人們做決策之前，思維往往會被第一印象所左右**，第一印象會如同沉入海底的錨一樣，將個體的思維固定在某處，從而使個體產生先入為主的歪曲認識。於是個體的思維往往會因為前面資訊的影響，而失去發散思維的能力，進而導致不利的後果。那麼，這一心理效應是如何被發現的？

「第一印象」的騙局

心理學家丹尼爾．康納曼（Daniel Kahneman）和阿莫斯．特沃斯基（Amos

Tversky）於一九七〇年代發現了「錨定效應」。當時，這兩位心理學家正在研究不確定條件下人的決策行為。他們在研究中發現，人們在不確定的條件下，並不是依據機率的規則做出決策，而是依據其他一些捷徑。這些其他的捷徑就包括人們的原有認知，或已有的事實依據。

具體來說，人們由於經常對那些明顯，且印象深刻的證據難以忘記，因此導致他們進行判斷時，會透過這些先入為主的證據，得出對事物的扭曲認知。比如，當醫生在對病人由於過度失望，而判斷可能會自殺時，極易聯想起病人自殺這樣的偶然性事件。而這種判斷一旦成為一種經常性的行為，就極可能誇大病人因過度失望而自殺的機率。他們將人們在判斷中存在的這種受最初印象或證據影響，進而得出錯誤的判斷現象，稱之為「錨定效應」。

第二年，康納曼和特沃斯基為了進一步證明「錨定效應」，再次進行了相關的實驗。他們召集一群人作為受試對象，要求他們估計非洲國家在聯合國所占席位的百分比。由於分母為一百，因此實驗就其本質而言，是要求實驗者推測分子的數值。

受試者被分為幾組，按主試要求進行實驗。開始時，要求受試者旋轉面前的轉盤，從中隨機選擇一個介於零到一百之間的數字；接著，主試暗示受試者，他所選擇的數字比實際值大還是小；然後，主試要求受試者對隨機選擇的數字做向下或向上的調整，以此估計分子值。

經過這一實驗，康納曼和特沃斯基發現，當不同的小組隨機確定不同的數字時，這些隨機確定的數字，對後面的估計結果造成了明顯的影響。比如，兩個小組分別隨機選擇十和六十五作為開始點，接著，他們對分子值進行平均估計，結果分別為二十五和四十五。

由此可見，雖然不同的受試者調整隨機確定的數字，但其對分子值的估計錨定，依舊在這一數字的一定範圍內。

後來，兩位心理學家又進行了一項實驗，進一步證明「錨定效應」。他們讓召集的一群受試者想像，美國正在為預防一種罕見疾病的暴發做準備，工作人員描述了兩種準備方案。

第一種描述：預期此種疾病會導致六百人死亡。現在有A、B兩種方案可供選擇。A方案可能讓兩百人獲救；B方案則可能讓六百人存在三分之一獲救的可能性，三分之二的人或許無一倖免。結果顯示，人們不喜歡冒風險，更願意選擇

A方案。

第二種描述：預期此種疾病會導致六百人死亡。現在有A、B兩種方案可供選擇。採用A方案，會造成四百人死亡；採用B方案，則有三分之一的可能性可救活六百人，也存在三分之二的可能性會讓六百人全部死亡。結果顯示，由於死亡是一種失去，因此人們更傾向於冒風險，選擇B方案。

實際上，以上兩種情況的結果相同，救活兩百人意味著死亡四百人；同樣，存在三分之一的可能性救活六百人，等同於存在三分之一全部存活的可能性。然而，面對結果相同，但描述不同的兩種情況時，人們卻分別做了不同的選擇，原因就在於實驗表述時，改變了參照點，即錨——前者用救活，後者用死亡，於是人們的選擇結果就發生了截然不同的變化。

這個實驗提醒人們，在一般情況下，只要「錨」受到人們的注意，那麼不管其資料是不是過分誇張、是不是之前存在可供參考的實例，或者是否曾提醒或獎勵決策者，「錨」都必定會發揮相應的作用。而且，「錨」與預期結果的相關或相似性越大，「錨定效應」就越明顯。

綜上所述，在絕大多數情況下，「錨定效應」是在人的潛意識裡，自然而然發生的，這是人類的天性。而恰好是因為此種天性的存在，人們才會在實際決策過程中，存在這樣或那樣的偏差，進而影響最終的結果。

思維裡的「錨點」

實驗顯示，人的思維都存在「錨點」，這種錨點，可能是一句話、一個限定詞語，或者是一個小規定。這些錨點的存在，使得個體的思維焦點會固定於某處，如同沉入海底的錨。這一沉入海底的「錨」，會對個體的活動予以限制，使個體的思維僅能在錨所畫出的圓的半徑內活動，無論如何掙扎，均不得掙脫。

「錨定效應」的根本原因是什麼呢？所謂行為是思想的奴隸，思想的形成有賴於人的所見所聞，「錨定效應」之所以會對個體的決策產生影響，是基於以下兩個原因：

首先，源於第一印象（也稱「首因效應」）的影響。「錨定效應」之所以會對個體造成影響，與人的生理記憶機能有關。關於記憶的研究顯示，新的訊息更容易被個體儲存，並使其從暫態記憶轉入長時記憶，這就是個體隨著年齡的增長，會更加覺得時間飛逝的原因。當個體的年齡增長時，其豐富的人生經歷經常代表著，此後的大部分歲月均是從前時光的重複，而重複的事件常常是不會被轉化為長時記憶儲存的。這就使得首次接觸到的訊息所形成的印象，對人們以後的行為活動和評價造成深刻的影響。

其次，「錨定效應」產生作用的原因，還在於人思想的懶惰性。須知，一旦個體受思維慣性的影響，或其注意力分配發散，個體就會在判斷或決策時，懶於深入分析，忽略當前的複雜情況。然而，世界是極其複雜的，個體稀缺的精力相對於複雜的情況，會無可避免的產生矛盾，於是個體經常選擇最為輕鬆的處理方式——對當前的形勢做出敷衍了事或湊合的決定。

由此可知，「錨定效應」的影響，根本在於人們對直覺的依賴。**當個體在做出判斷或決策時，過分依賴自己獲得的第一印象或第一訊息，這些最初的訊息就會對人的思維產生影響，進而對人的判斷產生暗示作用**。這種暗示作用，如同一把雙刃劍，既能發揮正向作用，也能發揮負面作用。

因此，在現實生活中，個體一方面要小心「錨定效應」的負面影響，在做出判斷或選擇時，從理智層面控制自己，注意獲取多維度訊息，避免單一訊息源，對事物要盡可能的建立客觀的認知模型，以避免自己被「放錨」。此外，還要全面鍾鍊自己的邏輯思維能力，不但要讓自己可以依據獲得的訊息進行推理，還要注意避免因為他人提供的訊息，而做出自以為是的判斷或決策。

另一方面，基於「錨定效應」的影響還與個體的社會經歷、社交經驗的豐富程度有關。個體要注意豐富自己的社會經歷，增加自己的社會閱歷，充實自己的社會知識，以避免自己輕易的受對方的外貌、衣著或談吐的影響，做出錯誤的判斷，或者盡量將以上因素的影響控制在最低限度，同時巧妙的運用「錨定效應」的正向作用，使形勢向著有利於自己的方向發展。

人，真的不是理性的

又名「沉錨效應」的「錨定效應」，以其無形的影響，遍布於人們工作與生活的每個角落。這一影響甚廣的心理效應的發現過程，見證了兩位心理學家——

康納曼和特沃斯基的友情。

康納曼於一九三四年出生在以色列的特拉維夫（Tel Aviv）。一九五四年，他從耶路撒冷希伯來大學（The Hebrew University of Jerusalem）畢業，獲得心理學與數學學士學位。後到美國伯克利加州大學心理學系學習，並獲得哲學博士學位，成為一名行為科學家。隨後，他回到以色列，從一九六一年到一九七八年，在母校希伯來大學從心理學講師做起，直至成為教授。

康納曼不同於其他心理學家之處在於，他能夠看到現象，然後用一種同樣適用於其他情況的方法，對這一現象加以解釋。這可以從他在以色列協助軍方面試軍官時的方法中看出端倪。

他在面試軍官時，秉持「對方是怎麼做的」的態度，而不是「我覺得他是個什麼樣的人」的態度，這反映了思考的重要性。為此，他告訴自己的學生，**當別人在敘述某件事時，要思考這件事情在何種情況下可以成真，而不是思考它是否真實**。這種思考，表現了他在知識面前的搶先一步，也為他後來的決策過程的研究，提供了重要的支援。

康納曼是一位無比睿智、性情溫和，做事更傾向於直覺，以至於給人笨拙感的科學家。正是這樣的性格，讓他在希伯來大學工作期間，結識了密友特沃斯基。

特沃斯基也是認知心理學家和行為科學家，並以對決策過程的研究而聞名。他於一九三七年出生於以色列。不同於康納曼，特沃斯基外形瘦長結實，極富個人魅力，在研究和分析工作中，總能一下子抓住核心，並在第一時間做出準確的詮釋，給出深刻的見解。這是一種令人驚訝的能力。

一九六九年，在希伯來大學的校園裡，他與康納曼相識並合作，共同展開不確定條件下人們的決策行為過程的研究。兩人性情相投，愛好相近，在合作研究中產生了深厚的友情，甚至在發表論文時，對於誰署名在前還互相謙讓，最後不得不以擲硬幣的方式來決定。

他們經常形影不離的討論、分析和交流，將身影留在希伯來大學的草地上、留在校內外的一些小咖啡館裡、留在共同工作的辦公室裡。即便後來兩人分別到美國史丹佛大學和哥倫比亞大學任教，還保持著每天通電話的習慣，足見其友情之深厚。

在不斷的交流和討論中，他們打破常規，將實驗方法引入經濟學領域，透過一次又一次的實驗，不斷驗證猜想和結果，最終發現**在不確定條件下，人並不依**

據機率規則，而是利用一些其他的捷徑來做出決策，這就是著名的「錨定效應」。「錨定效應」的提出，嚴厲的挑戰了傳統經濟學家堅持的「人是利益驅動的，且理性的做出決策」的觀點，動搖了經濟學的微觀基礎，直接促進了行為經濟學這一學科的誕生。

他們合作研究二十多年，共同發表了數十篇研究論文，在期望理論研究方面取得了豐碩的研究成果。在兩人合作撰寫的〈小數定律之我見〉一文中，他們指出人們會錯誤的以為局部能夠代替整體，之所以如此，是因為人們誤信樣本必能反映出總體的特徵，在人們對待隨機事件的態度中，這種思維偏誤表現得尤為明顯。

一九九六年，五十九歲的特沃斯基被診斷為癌症末期，僅餘六個月的生存時間，兩人決定編輯出版一本專著，將他們及其他心理學家的論文彙集成冊，命名為《選擇、價值與框架》（*Choices, Values and Frames*）。

二〇〇二年十月九日下午，瑞典皇家科學院宣布，康納曼和經濟學者弗農·史密斯（Vernon L. Smith），因在與人類行為相關的心理分析應用，和實驗經濟學研究方面所做的開創性工作，共同分享二〇〇二年諾貝爾經濟學獎。作為諾貝爾經濟學獎歷史上第二位認知心理學家，康納曼在普林斯頓大學近兩百名師生為他舉行的慶功會上，表達了對好友特沃斯基逝去的感傷與懷念。

康納曼成功的將心理學分析方法與經濟學研究融合在一起，為創立一個新的經濟學研究領域奠定了基礎；他發現了人類決策的不確定性，即發現人類決策常常與根據標準經濟理論假設所做出的預測大相徑庭；他與阿莫斯·特沃斯基合作研究，提出了一種能夠更清楚的解釋人類行為的期望理論。

可以說，一九七〇年代末，正是康納曼和特沃斯基這兩位認知心理學家，以及經濟學家理查·泰勒（Richard Taylor）所做的開創性工作，開啟了心理學與經濟學交叉行為決策領域的研究。這一新領域的開創，對社會學、法學、生物學、博弈論、政治學、人類學，和其他學科的研究發現及決策策略，產生了極其深遠的影響。

02 不破不立

提到亨利・福特（Henry Ford），幾乎無人不知。他不但創立了世界上最大的汽車企業之一——美國福特汽車公司，成為世界上唯一享有「汽車大王」美譽的人，而且為美國裝上了車輪子，帶領人類社會邁入了汽車時代。但沒人知道的是，這樣的一個人物，竟然也曾因「錨定效應」，被束縛住了成功的「輪子」。

被成功束縛住的福特

亨利・福特於一八六三年出生於美國密西根州韋恩郡的一個農場家庭。他從小對機械有高度興趣。兒時，他喜歡拆卸各種玩具，十三歲就開始動手修錶、修機器，十七歲時在一間機械工廠當學徒。一八八七年，亨利．福特進入底特律愛迪生電燈公司（Edison Illuminating Company），成為一名技術員，後來又升任總工程師。隨後，他開始研製起使用內燃引擎帶動的交通工具——汽車。他痴迷於汽車設計，並於一八九六年試製成功，一輛二氣缸氣冷式四馬力（兩千九百四十二瓦）汽車。

一八九八年，經過一番歷練，亨利．福特認為時機已經成熟，決定自主創業，成立了第一家汽車公司。然而由於缺乏管理經驗，新公司在生產了二十五輛汽車後破產。隨後，一九〇三年，他與人合作，以股份制模式再次開辦了汽車公司。當年，公司就生產出第一輛福特牌汽車。

在此後的經營管理中，身為總經理的亨利．福特非常著重產品的研發和企業的經營管理。一九〇八年，亨利．福特主持研發了簡單、耐用、低價的「T」型車。很快，「T」型車就因其操作簡單、堅固耐用、耐得住顛簸的特點，而備受客戶歡迎，甚至暢銷歐洲，而且就此改變了美國人的生活方式。

隨後，福特公司又先後生產了性能穩定的「A」型、「N」型、「R」型、

「S」型等汽車，其銷售占據全球汽車市場六八%的份額。除了產品研發，亨利．福特還著重在管理上創新。一九一三年，福特公司建設了全世界第一條汽車裝配流水線。

這種創新的流水線作業法，可以在實行標準化的基礎上大量生產，使一切生產作業機械化和自動化，從而極大的提高了生產效率。一九一四年，福特公司以八小時五美元的薪資，取代了當時其他汽車製造廠普遍實行的十小時三美元的薪資，這讓福特公司吸收到眾多熟練工人的同時，也進一步提高了產品品質和工作效率。就這樣，在亨利．福特的經營管理下，福特汽車公司在二十世紀初飛速發展，福特家族一時富可敵國。

不過，到了一九二〇年代，阻礙福特公司發展的「沉錨」初露端倪。當時，美國已經進入了大眾化富裕時代，國民消費水準普遍提升。可是，農場家庭出身的亨利．福特，還堅持自己最初的經營和研發思維，以製造堅固耐用、價廉物美的汽車為原則，堅持加大生產經濟實惠的「T」型車，且不斷投入資金擴大生產。

然而此時的美國人，隨著收入的增加，已經開始由最初的追求勤儉，轉向追求個性化的生活，他們對汽車的需求也開始呈現多元化的特點。與此同時，伴隨著經濟發展，美國開始出現了石油供應緊張、環境日趨惡化等問題。可亨利・福特受到固有思維的影響，仍舊堅持生產耗油量大、排氣量大的汽車。他是如此固執，甚至在發現兒子小福特堅持要推出豪華型轎車時，一怒之下親手將其研發出來的新型汽車用斧頭劈毀。

亨利・福特被固化思維「錨定」，墨守成規的管理企業時，美國的汽車市場已經發生了改變。不同於福特汽車的顏色單調、耗油量大、排氣量大，福特公司的競爭對手——通用汽車和其他幾家公司，緊緊圍繞市場需求做文章，針對性的制定正確的戰略規畫，推出節能低耗、小型輕便、強調速度、造型新穎、節能環保且極具個性化的汽車。

最終，當一九七〇年代的石油危機爆發時，通用汽車公司理所當然的擊敗了福特公司，成為美國汽車銷售大戶，而福特汽車公司則處於瀕臨破產的邊緣。儘管此時亨利・福特的接班人——小福特提出了推出豪華型轎車的建議，但福特汽車公司已經失去了市場的先機，以至於直到今天，福特汽車也沒能奪回昔日龍頭老大的寶座。

亨利・福特因其思維被最初的資訊誤導，最後被「錨定」，以至於做出錯誤的判斷，進而使企業遭受巨大的損失。福特的經驗告訴我們，在企業經營管理的過程中，要注意思維創新、管理創新，否則一旦受到「錨定效應」的影響，就會蒙受巨大的損失，甚至可能導致滅頂之災。

化A4白紙為神奇

不知你是否計算過一張普通的A4影印紙的價格？按一般的市價來計算，一包五百張的普通A4紙的價格約一百元，那麼一張就是〇．二元。這樣算來，這幾乎是一個可以忽略不計的價格。然而，有人卻能將這樣一張普通的紙賣到了兩千八百英鎊[1]。這個人就是被譽為「超級創意紙藝大師」、「鬼才」、「折紙藝術大師」的彼得．卡羅森（Peter Callesen）。

一九六七年，彼得．卡羅森出生於童話王國丹麥的一個平凡之家。在很小的時候，他就表現出過人的藝術天分，尤其在剪紙上，更展示出其驚人的才華。成年後，他先後在丹麥和倫敦求學，主修藝術和建築。這兩個專業使他有機會充分發揮自己的藝術天分。

開始藝術創作的初期，他從事的是在平面上加各種豐富圖案的普通設計工作。這讓他感覺自己在走前人的路，沒有任何創造性可言，無法充分揮灑自己的藝術天賦。他不滿足於現狀，於是開始苦思，尋求打破常規，創新設計出好的剪紙作品。

經過一番思考，他決定打破常規，將自己的藝術天賦和創意才能運用到作品中，讓平面上的圖案「活」起來。為此，他仔細觀察和研究剪紙作品的載體——紙張，認為倘若巧用心思、創新設計，普通白紙就可以變成有立體感的藝術品。而要實現這樣的過程，就需要實現從2D到3D的轉換。

接下來，彼得開始探索2D和3D紙藝作品的關係。為此，彼得付出了驚人的努力。他首先從作品的選材入手。用什麼樣的材料才能讓作品達到「活」起來的效果？

1英鎊兌新臺幣的匯率，本書以二〇二三年十月二十日，臺灣銀行公告之匯率三九．三四元為準，此約新臺幣十一萬零一百五十二元。

彼得經過深入的比較和分析發現，Ａ４紙是一種相當有趣的創作材料，而且是當下最平常、消費量最大、承載訊息最多的材料。倘若將所有附加於Ａ４紙之上的訊息完全去掉，那麼它就能成為一種純自然的材料，可以與任何不帶附加意義的想像空間聯繫起來，可以讓其具有完全不同的意義。同時，白紙本身具有的特質，決定了用它進行剪紙創作，可以讓紙雕作品天然具有脆弱性，進而更加突顯出選定作品中的悲劇性和浪漫性的主題。於是，彼得決定以無酸[2]的Ａ４紙作為自己的創作材料，從零開始創作。

接著，彼得便在作品定位上進行了創新。在材料確定之後，為了讓這種純天然的材料具有豐富的內涵，就需要作品內容的豐富性。這是作品成功的關鍵。經過深思熟慮，彼得決定將作品內容確定為唯美、浪漫的事物。一方面是因為這樣的事物，一旦用一種全新的形式展示出來，就可以打破人們的慣性思維，收到出其不意的效果。

另一方面，純白的紙面也讓作品具有了豐富的內涵，更能促使觀者展開想像的空間。於是，彼得使自己的剪紙作品具備了非現實性的特點，其內容主要是表現童話、浪漫故事，如取材自安徒生童話《小錫兵》（*The Steadfast Tin Soldier*）

中的〈不可攻陷的城堡〉（*Impenetrable Castle*），讓故事中的主人公小錫兵住在一座紙做的城堡中。而在這樣的創作過程中，他將自己的一些小小的夢想借助於作品表達了出來。

就這樣，經過精心的準備之後，在過人的藝術天賦和超級創意下，彼得用膠水、手術刀和一張張普通的A4影印紙創作出來的一系列作品，震驚了全世界。這些作品中有骷髏、有昆蟲、有建築，每一幅作品的創作都經歷了兩週的時間，因為他要在一張張A4紙上繪製草圖，再剪裁，最後折疊。當完成這一系列工作之後，那些普通的白紙便身價倍增，成為價值不菲的藝術品。

如今，彼得的作品不但在世界各地被展覽、被欣賞，還被美國紐約佩里·魯本斯坦（Perry Rubenstein）畫廊和丹麥的哥本哈根博物館（Museum of Copenhagen）收藏起來。有人這樣形容欣賞他的剪紙作品時的感受：「他的世界裡一片安靜，靜得只有花開的聲音、雲移的聲音、雪花落地的聲音、羽毛飄飛的聲音、蚊蟲行走的聲音、人的肌膚融化、骨骼鬆動的聲音……」。

2 無酸紙為不含活性酸的紙，紙質堅實、強度高，接近中性。

由此可見，彼得的剪紙藝術已經達到了出神入化的程度。他藉這一張張Ａ４紙向人們展示了一個無聲的世界，因為「所有物理的聲音都被遮罩消音了」，唯餘沉思與靜默；也向人們展示了一個喧囂的世界，因為在這樣的世界裡，無須語言，你就可以感受到生命的繁複和簡單，感受到剝離與融合。

當世界各地的人們欣賞彼得的作品時，不由得發出這樣的疑問：彼得・卡羅森是如何獨樹一幟的創造出這樣的世界的呢？

事實上，彼得的作品與其思維的獨創性，以及勇於掙脫「錨定效應」的束縛密不可分。當他打破常規、掙脫「錨定效應」的束縛時，他就開始了創造奇蹟的旅程，於是成功就隨之而來。

別人降價我偏漲

賓士汽車一直以高端品牌形象居於世界汽車的前列，而其生產廠商——賓士公司更是從一九二〇年代開始，一直被認為是世界上最成功的高檔汽車廠商之一。於是，世界上眾多的汽車公司都暗自下決心，要與賓士汽車一爭高低。這其中就包括日本著名的豐田汽車公司。

創立於一九三三年的豐田汽車公司，同樣是世界十大汽車公司之一。它在短短二十五年的時間裡，就逐漸取代了通用汽車公司，一躍成為全世界排行第一位的汽車生產廠商。其生產經營當然有著獨到之處。其中，敢於創新、嗅覺靈敏是其成功的重要因素之一。然而，在與賓士汽車競爭美國高檔汽車市場的過程中，豐田汽車卻慘遭敗北。

這究竟是什麼原因呢？讓我們一起來看一看。

一九八〇年代初，日本豐田汽車公司敏銳的發現了豪華汽車的商機，於是決定傾全力打造一款高檔車品牌，以期與賓士、ＢＭＷ、林肯[3]等豪華品牌競爭。為此，豐田汽車的工程師們嘔心瀝血六年，廢寢忘食，潛心研究，最終研發出了凌志（Lexus）——一款性能優越、造型獨特的高檔汽車品牌。

一經推向市場，凌志汽車就獲得了廣泛的好評，並以勢不可擋的氣勢，迅速

3 Lincoln，福特汽車旗下的豪華汽車品牌，以寬底盤和諸多豪華內裝，和加長版聞名於世。

打開了歐美市場。然而，令豐田汽車沒想到的是，在進軍美國市場時，賓士汽車以無可撼動的氣勢，讓他們遭遇了前所未有的失敗。原來，在美國人的心目中，賓士汽車就是無可比擬的高檔品牌。面對美國人對賓士堅不可摧的忠誠度，豐田汽車不得不苦思對策，為凌志制定打開美國市場之路的策略。

最終，豐田汽車總裁豐田章一郎想到了一個行銷方式——借力使力，優惠促銷。實際上，豐田章一郎的策略就是採用對比銷售的方式。在凌志展開美國市場的宣傳攻勢時，豐田章一郎要求廣告公司，將凌志與賓士的圖片並列放在一起，同時在對比圖片旁邊用巨大的標題寫著：用三萬六千美元就可以買到價值七萬三千美元的汽車。這樣的價格，別說在豐田汽車的銷售史上，就是在高檔汽車的銷售歷史上也是首次。

為了進一步激發美國顧客的購買欲望，除了這種割肉價格戰，豐田汽車的凌志行銷團隊還特別列出了潛在的美國顧客名單，並依名單送凌志汽車性能的錄影帶和精美禮盒給這些顧客。為了突出該車的優良性能和超高品質，豐田汽車在錄影中重點比對凌志與賓士汽車性能的同時，為了突出凌志的引擎性能之優良、行駛之平穩，影片中還加入了這樣的一段畫面：兩杯水被分別放在賓士和凌志的引擎蓋上，隨後，兩輛汽車被發動，在此過程中，放在賓士車上的水杯中的水在晃動，而放於淩志車上的水杯中的水卻紋絲不動。

必須承認，豐田汽車的行銷力道之猛，目標顧客挑選之精準。面對如此激烈的挑戰，賓士汽車也改變了一貫淡定的態度。怎麼辦？賓士汽車行銷團隊和管理層討論了各種應對策略，這其中當然也包括相對應的價格調整等促銷手段。在業內人士看來，賓士汽車要採用的應對策略，必定是順應市場，與豐田汽車展開價格戰，降低價格，提升服務。

然而，讓所有人跌破眼鏡的是，時任賓士汽車公司副總裁的赫爾米特·沃納（Helmut Werner）卻做出了一個驚人的決策——提高價錢。在競爭如此激烈的情況下，對手降價，自己竟然提高價格。這豈不是打算將美國市場拱手相讓？

面對賓士汽車此種應對價格戰的策略，媒體人員蜂擁而至，欲一探究竟。面對媒體的長槍短炮，赫爾米特·沃納，這位從輪胎推銷員做到執行長的管理者，坦率的表示，賓士汽車的目標顧客群是富裕家庭，與淩志的定位不同。為此，賓士公司不能為了爭取一定的市場占有率而自降身價，從而失去自己的市場忠誠度，進而將目標顧客推到定價更低的公司。

另一方面，倘若公司保持原價格不變，那麼就會造成銷售額下降，影響公司的利益。為此，賓士公司採取提高價格，但增加更多的品質保證和優質服務的策略。他還用具體的實例說明提高價格是為提高品質的策略，比如將免費維修期限增加到六年。

沃納的提高價格策略一經媒體公布，賓士汽車在美國的銷售額不降反升，因為在美國，人工成本之高是公認的，潛在客戶心中自有一桿秤。因此，賓士公司的提高價格措施反而獲得了老顧客的支持。

面對賓士汽車如此逆向而行、打破常規的銷售策略，無論豐田汽車的凌志如何讓利，最終也沒能提升其在美國市場的銷售量。最後，豐田汽車在此次競爭中失利，不得不放棄這一市場。

反思赫爾米特．沃納的提高價格策略，恰好是對「錨定效應」的逆用。他巧妙的打破了人們的慣性思維——在市場競爭中，面對對手的降價促銷策略，巧妙的獨闢蹊徑，使自己擺脫慣性思維這個「錨」的束縛，銷售額不降反升，讓賓士汽車於困境中破繭而出。這正是改變思維模式、創新思維的驗證。

作為一種心理現象，「錨定效應」表現在生活的各方面，悄無聲息的左右著人們的想法。心理學家卡爾·榮格（Carl Gustav Jung）曾在其自傳中告訴我們：「**任何事物都並非一成不變的，昨天的真理在今天看來或許就是謬論，而今天的邪說在明天看來卻有可能是真理。**」它從反面證明了「錨定效應」之於自我發展的束縛，強調了思維的變化性，提醒我們，不能受限於一人、一事或一物，要讓思維打破「錨定效應」的束縛，方能破舊立新，發展進步。

第九章

鏡中我效應：
用他人的評價認識自己

個體的行為在很大程度上取決於對自我的認識，而這種認識主要是透過與他人的社會互動形成的，他人對自己的評價、態度等，是反映自我的一面「鏡子」，個人透過這面「鏡子」來認識和掌握自己，即個體透過與他人的互動形成對自我的認知。這就是著名的「鏡中自我」（looking glass self）的理論。

01

每個他，都是自己的一面鏡子

古希臘阿波羅神廟上刻著一句話：「認識你自己。」哲學家弗里德里希·威廉·尼采（Friedrich Wilhelm Nietzsche）解讀為：「離每個人最遠的，就是他自己。對於我們自己，我們不是『知者』。」這些話無一不強調了自我的重要性。

然而，個體成長中無處不在的「鏡中自我」，嚴重影響著個體的自我認知。當「鏡中自我」以正向的方式喚醒個體的自我時，個體就會爆發出驚人的力量，於是有了玫琳凱·艾施（Mary Kay Ash）的成功、理查德·西爾斯（Richard Sears）的堅持；反之，一旦「鏡中自我」以負面的方式喚醒自我，個體就會以他人的期望作為自己的人生目標，最終會像歐諾黑·德·巴爾札克（Honoré de Balzac）一樣，一生為外物驅使，最終迷失了自我。

「鏡中自我」從何而來

所謂「鏡中自我」，也稱「社會我」，是指外界如何評價或認識個體的現象，以及個體因外界的評價或認識引發的情感，甚至包括個體想像的自己在他人面前的行為方式，從而依據他人的認識或評價，以及自己的想像，所做出的下一步反應。它是美國社會學家查爾斯・霍頓・庫利（Charles Horton Cooley）於一九〇二年提出的。

在庫利看來，社會的本質在於交流與互動，因為社會關係存在於人與人的交流中，而「我」的特性使個體具有交流觀念的能力。個體在與其他人的交往中形成自我觀念，這是個體對自我的認識，來源於他人對於自己看法的反映。因為人們總是在他人對自己的評價中形成自我的觀念。於是在他人的評價中，「一個人對於自我有了某種明確的想像——他有了某種想法——湧現在自己心中」。

所以，一個人所具有的自我感覺是由別人的思想、別人對自己的態度、別人的評判來決定的。由此，他提出了「鏡中自我」的概念。所謂「鏡中自我」，是指「自我知覺的內容，主要是透過與他人的相互作用這面鏡子而獲得的。透過這面鏡子，一個人扮演著他人的角色，並回頭看自己」。

後來，庫利在其作品《人類本性與社會秩序》（*Human nature and the social order*）一書中，用一個形象的比喻概括了自己的觀點：「每個人都是另一個人的一面鏡子，反映著另一個過路者。」

庫利將這種類型的「社會我」用「反射的自我」或「鏡中自我」來稱呼，並指出兒童和青少年的自我概念多半是在與「重要的他人」（如父母、兄弟姐妹、其他親屬、鄰居、親朋好友、老師和同學）的交往中，透過「鏡中自我」而逐漸形成和發展的。於是，「鏡中自我」就成為社會角色和社會互動的經典概念。「鏡中自我」理論由此發展而來。

那麼，庫利是如何得出這一理論的呢？實際上，庫利的這一理論是基於對「自我」這一概念的認知提出的。它的提出者就是哈佛大學心理學家威廉・詹姆士（William James）。

詹姆士認為，自我是一個人對自身存在的體驗。它包括一個人透過經驗、反省和他人的回饋，逐步加深對自身了解的過程。他在研究中認識到，人類有將自己看作客體，進而發展自我感覺和關於自身態度的能力。一八九〇年，他把自我區分為作為經驗客體的我（me），和作為環境中主動行動者的我（I）。前者包括精神的我、物質的我和社會的我。精神的我是由個人目標、抱負和信念等組成，物質的我是指個人的身體及其屬性，社會的我即他人所看到的我，是由於與他人的交往而形成的關於自我的感覺。

受詹姆士「自我」概念的影響，庫利認為「自我」分為兩個部分，「純我」和「社會的我」。他將自我看成是個體在其社會環境中，將自身和他物一起視為客體的過程，同時，他還認識到自我是在與他人交往的過程中形成的，即個體在與他人的互動中，從他人的觀點中看到自身，進而想像著他人如何評價自己，由此獲得自我的形象、自我的感覺、自我的態度。

在這一過程中，對於個體而言，他人的姿態就好像一面鏡子，可以讓個體從中觀察並衡量自己，進而調整自身的言行。這就和個體身處社會環境中，對其他事物進行審視、衡量、同理。

進一步說，個體在社會環境這個鏡子中觀察自己、反思自己，此時個體就如同象徵的符號化環境一樣，置身於自己之外，冷靜的審視自己與他人之間的互動，以第三隻眼的角度觀察衡量自身的言行，從中發現自我形象和感覺。

由此可見，自我是以群體為背景的，是由個體與群體互動產生的。不同之處在於，群體是個體的參照物，即鏡子，不同的群體是重要性不同的鏡子。因其重要程度不同，對個體自我的形成也起著輕重不同的作用，而其中，影響個體自我感知和自我態度的重要群體，一般是那些存在私人關係和密切關係的小群體。

世界上的兩個「我」

庫利關於「自我來源於互動、自我以群體為背景」的觀點，後來被美國社會學家、社會心理學家及哲學家所採納，得到進一步的發展，進而形成了主我客我理論。

身為一位社會心理學家，喬治．赫伯特．米德（George Herbert Mead）的思想受庫利的影響很大。為此，他在研究人的自我意識與內省活動之際，對自我傳播的社會性和互動機制進行了考察。

他發現，自我意識影響著人的行為決策，而自我則在此過程中分解為相互聯繫和相互作用兩個方面。前者表示，自我是意識和行為主體的「主我」（I），藉由個人對事物的行為和反應具體表現出來；後者則說明自我是他人的社會評價，和社會期待所代表的「客我」（me），是自我意識的社會關係的體現。

個體的思維、內省活動正是在一個「主我」和一個「客我」之間，進行雙向互動，從而實現人際溝通，而在這一過程中，主我、客我之間，互動的介質就是訊息，即一些「有意義的象徵符號」。這就是「主我客我」理論。

這一理論告訴我們，「主我」是由行為反應表現出來的，是自我的形式；「客我」體現了社會關係的各個方面的影響，是自我的內容。後者對前者的變化產生促進作用，前者在變化的過程中反過來使後者發生改變。正是在主我和客我的互動中，形成了新的自我。

可以說，米德的「主我客我」理論是從傳播心理和社會交流的層面，對主我與客我的各自特徵和互動情狀加以描述，是對基本的人類心理過程進行的描述。這種自我傳播體現了人類意識的主要特徵，也對人際溝通加以細緻分析和創造性解釋，大幅推動了個人社會化的研究進程。

別靠他人的評價，來評判自己

「鏡中自我效應」相當具體的闡明了自我機制的形成過程。其中「鏡」這一形象的比喻，相當直觀且通俗易懂的說明了自我形成的過程。

試想：個體要看到自己的形象，需要借助於鏡子，或類似於鏡子的物品或器具，在觀察鏡子中的「我」的同時，認清了自己的長相。在這一過程中，存在著「鏡子」、「我」、「鏡中的我」三個部分，於「我」而言，之所以能看到自己的長相，是在「鏡子」這個第三者的幫助下完成的。換到人際交流中，個體對自我的認知也是依賴於他人的看法和評價。這是在第三者的影響下形成的「自我觀」，是在與他人的對照中形成的自我，這與一般概念中提倡的「我就是我，無須在意他人」的觀點截然相反。

比如，你捐助了五十元給受災區，然後你想像他人對你的認識——一個熱心腸、樂於助人的人。接著，借助於他人的口頭評價或其他回饋管道，你明確了自己在他人心目中的形象——一個極富愛心的人。然後，你會因為這個正向的評價欣賞自己，並由此確認自己就是一個樂善好施之人、一個熱心腸的人，並以此標準要求自己，進而使自己的行為表現出這一特點。這就是你的自我認知過程，是在他人的評價和認識的基礎上形成的。

相反，同樣是這件事，你向受災的地區捐了五十元，然後你想像他人對你的認識——一個熱心腸的、樂於助人的人。可是，你卻發現他人對你的評價是「一個假裝熱心腸的人」。於是你會因為這個評價開始審視自己，確認自己並非嘩眾取寵，而是發自內心的想要幫助他人。為此，你就會對他人的評價，和他人對你的認識，產生憤怒和排斥的情緒。在這樣的情緒過程中，你也能進一步認清自己——我的確不是一個嘩眾取寵之人。

上述過程歸納起來就是：首先，個體在內心深處特別想了解他人如何評價自己，因此最為常見的表現就是想像他人如何認識自己，接著會想像他人如何評價自己，最後，由他人對自己的認識與評價產生某種情感，這種情感就會主導我們對自己的認知。

這樣的過程不由得使我們想到雨果《悲慘世界》（*Les Misérables*）中的尚萬強。他原來是一個拚命工作以換取微薄薪酬，從而供養姐姐和外甥的底層小民。

在他的內心深處，認為自己就是一個善良溫和的老實人。然而，就因為失去工作後偷了一塊麵包，別人就把他當作一個賊、一個罪犯，並因此被判了五年徒刑。這讓他深感不平，進而產生了憤怒的情緒，並多次逃跑，又多次被抓捕，以至於在監獄裡度過了十九年的時光。

在這樣的憤怒情緒中，尚萬強的心理發生了巨大的變化，原本善良溫和的他逐漸對社會產生了敵意，變得更加自私自利，甚至滋生出了報復社會的想法。尚萬強出獄後，巧遇主教米里哀（Bishop Myriel），對方對於他偷燭臺的行為，給予的反應是以德報怨，這促使他再次思考為人之道，意識到自身這種扭曲心理的錯誤所在，並最終痛改前非，以一個好人的言行要求自己，透過自身的努力，成了一名善良的市長，為地方安穩做出了不小的貢獻。

所以，個體在「鏡中自我」理論的影響下，其行為會相對的發生變化。但這種變化不是一成不變的，會隨著「鏡中自我」的改變而改變，進而最終完成對自我的認知。

這一過程說明社會回饋之於個體的重要性，**一個人成為怎樣的人，很大程度上會受到他人評價的影響。**

庫利，來自密西根州的宅男

「人們彼此都是一面鏡子，映照著對方。」這是傳播學研究鼻祖、社會心理學家庫利關於自我認識的一句話。它相當具體的道出了在個體成長中，社會回饋對於自我認知的影響。庫利也因這一著名的「鏡中自我」理論享譽心理學界。發現「鏡中自我效應」的庫利是一個怎樣的人？他認為在社會回饋過程中是如何形成自我認知的呢？

一八六四年，美國密西根州的邊境小城安娜堡市（Ann Arbor），一個公理教會的家庭雙喜臨門。一喜是家中又添了新成員——一個男嬰呱呱墜地；二喜是心懷壯志、感情豐富且做事執著的男主人，終於從一個貧困的鄉村小子，成為密西根最高法院的法官，就此揭開了璀璨的法律生涯。

優越的家境為庫利的成長提供了穩定的經濟條件和良好的家庭環境。然而，強勢的父親及其所帶來的社會名望，也給庫利造成了極大的壓力。望子成龍心切的父親，從小就讓庫利接受嚴格的教育，久而久之，庫利形成了對人和事高度敏感、害羞、避世的個性，這種個性一方面導致他出現了口吃的毛病，進而使得他不願意與人交往，將自己封閉於一個幻想的世界中尋求精神安慰；另一方面，這種孤僻靦腆的性格幾乎達到了病態，最終導致他產生了心理疾病。

十五歲時，孤僻、消極、靦腆的庫利，罹患了多種身體疾病。這些身心疾病嚴重影響了他的生活，使得他在體力孱弱的同時，還表現出社交焦慮。這樣的庫利幾乎沒有童年和玩伴。為了排遣寂寞和孤獨，他埋頭讀書，將雕刻及木工當作愛好，甚至長時間的沉溺於幻想，將自己想像成卓越的演說家、眾人的首領……當然，這樣的生活也讓他養成了閱讀和思考的習慣，他將閱讀和思考的認識記在日記上。久而久之，日記就成為他描述社會的工具。在對社會的描述過程中，他形成了對社會的認識——一個具有組織性、有秩序的系統，並將社會學作為自己的研究目標。

一八八〇年，庫利進入密西根大學（University of Michigan）工程學系學習。原本四年的大學生活，由於諸多原因，如時而因身體原因休學、時而在美國全境和歐洲進行長途旅行、時而在密西根州際商業委員會，和政府的人口普查局擔任統計員，他多次間斷學業，最終用了七年的時間才畢業。不過，無論是長途旅行，還是勤工儉學[1]，庫利善於觀察和思考的特點，使得他可以更加深刻的思考和認識社會與人生。

早在讀大學的時候，庫利就不喜歡自己的科系——工程學。因此在大學期間，他選修了哲學、歷史和經濟學的課程，大量閱讀哲學家威廉·詹姆士、哲學家赫伯特·史賓賽（Herbert Spencer）、約翰·杜威（John Dew-ey）和生物學家查理斯·羅伯特·達爾文（Charles Robert Darwin）的作品，受其思想觀點所影響，找到了自己真正想要學習的領域。於是在一八九〇年，庫利重返母校，攻讀政治經濟學和社會學。

在庫利攻讀學士學位期間，恰逢約翰·杜威在密西根大學執教。這位美國最有聲望的哲學家、社會學家，認為傳播是社會形成的基礎，社會的本質在於交流和互動，傳播與交流建構社會。杜威的觀點，對庫利產生了直接的影響。

一八九九年，庫利在密西根大學擔任助理一職。一九〇四年，成為副教授，三年後成為教授。此後，他專注於教學和研究工作。

由於性格內向，加上身體狀況不佳，決定了庫利比較注重想像力的發揮和思辨研究。其觀察和沉思的習慣使他對自我與內化[2]、自我與社會的問題有了深入的思考，並從人際傳播角度出發，對社會的形成過程進行了闡釋。而他的研究和思考工作，則是宅在家中進行的。

庫利的妻子開朗熱情充滿活力，為庫利打理好所有生活問題，因此庫利得以全身心的投入到學術研究中。他經常躺在家中的扶手椅思考社會問題，以及心靈、思想問題，並記錄下所思所想，形成自己的研究筆記。

他還將自己的三個孩子作為觀察對象，採用自我檢查和親近行為的觀察方法，研究自我的起源和成長過程，專注於自我發展的研究。雖然這樣的研究進展緩慢，但恰好是這樣的研究，讓他找到了關於自我與社會的諸多疑問的答案，找到了關於自我與他人、自我與社會關係的問題的答案。

一九〇二年，庫利在其專著的《人類本性與社會秩序》一書中，闡述了多年

1 指在課餘時間參加勞動，一般貧困的大學生利用業餘時間做工賺取報酬維持生計。也有人並不是為了報酬，而是想多點社會實踐經驗。

2 指個人將別人或外在社會的觀念、態度、價值標準等，慢慢轉化成自己的觀念、態度、價值標準，以致最終變成自己內在的心理特質或人格特質的一部分。

思考研究的結果。在這本書中，他提出了「鏡中自我」的理論。

庫利的「鏡中自我」理論，包含著三重含義：

第一重含義：自我想像階段。這時的自我處於個體的想像階段，即個體想像自己在他人面前的行為方式。

第二重含義：解釋或定義階段。這一階段是指個體做出行為後，想像他人給予自己形象的評價。

第三重含義：自我反映階段。這一階段是個體經過上述兩個階段後，根據自己對他人評價的想像，產生的自我評價。

這一理論說明了以「鏡中自我」為核心的自我認知狀況，取決於他人傳播的程度。傳播的速度越活躍、越全面，個人的自我認知就越清晰，對自己的把握也就越客觀、越準確。

而除了關注自我發展，庫利還關注更多的社會問題和當時的焦點問題。一九〇九年，庫利出版了《人類本性與社會秩序》的姊妹篇《社會組織》（*Social*

Or-ganization）。在該書中，他提出了初級團體（primary group）的概念。

所謂初級團體，又稱為首屆群體，是人性形成與發展的土壤，是成員間面對面交往與合作的群體。這是一個直接的、自然的關係世界，身處其中的成員間存在著某種情感，且彼此之間的情感並非以達到其他目標為目的；每個成員都是獨一無二的，且互相之間能夠深入了解。

可以說，這是一個最不功利的群體，群體中存在著個體成功、社會統一、自由等一些和諧社會必備的思想，以及忠誠、真理、服務、友善、守法等優良品質。這是一種大社會的精神。

一九二九年，庫利的健康日趨惡化，同年三月被診斷為癌症，五月病逝。然而，庫利的發現和理論研究，對當時和現今的人類社會發展，都產生了重要的影響。他的「鏡中自我」理論，啟發了喬治・赫伯特・米德關於「主我」、「客我」的分析，同時不斷提醒人們：客觀的自我認知是恰當發揮個人能力的前提，個體對自己以科學且恰當的評價，對於自己能力的施展相當重要，它決定了一個人社會成就的高低。

他的「初級團體」概念的提出，深刻的影響了二級傳播理論和創新擴散理論，同時，他對人際傳播過程的深刻闡釋，也直接影響了芝加哥學派[3]考察社會時所採取的視角；對人際傳播如何建構社會的論述，更是直接影響了羅伯特・E・帕克（Robert Ezra Park）對「群體」的定義與闡釋。

02

別成為別人眼裡的標籤

提到文學巨匠歐諾黑・德・巴爾札克，我們不由得想到那些蜚聲世界的文學人物形象：歐也妮・葛朗臺、高老頭、夏倍上校，以及那部世界級銷量的小說集《人間喜劇》（*la Comédie Humaine*）。然而，當人們讀著這套「資本主義社會的百科全書」時，不曾想到其作者巴爾札克，就是一位無法走出「鏡中自我」理論影響，最終一生為錢所困的「錢奴」。

3 是許多不同學科學派的統稱，因這些學派都源自於芝加哥大學（或芝加哥市），故名芝加哥學派。芝加哥學派包括芝加哥經濟學派、芝加哥建築學派、芝加哥傳播學派、芝加哥數學分析學派、芝加哥氣象學派等。

「鏡中」的文學巨匠

身為殿堂級的文學巨匠，巴爾札克一生筆耕不輟，為後世留下了九十一部小說，這些小說中有大量關於「金錢」主題的故事，投射出他的金錢觀。而他之所以為錢所困，則與其成長中不能完整的接納自己，不能正確的認知自我有著莫大的關聯。

一七九九年，巴爾札克出生於法國中部都爾城（Tours）的一個中產家庭。儘管他是父母的第一個孩子，但他的到來並不曾得到婚姻不美滿的父母的喜愛。這對為名利奔忙的夫妻，將還沒有滿月的巴爾札克送到了奶媽那裡寄養，只在每個星期日才讓他和家人團聚。這種寄養在他人家庭中的成長經歷，以及童年缺少足夠的父母之愛，造就了巴爾札克極度自卑的性格。

長大後，他因為又矮又醜，口齒不夠伶俐，因此極不得大人和女孩子的喜歡，更談不上受到他人的重視了。成年後的巴爾札克回憶自己的童年時，認為「那是任何人命運中所不曾遭受到的最可怕的童年」。

到了入學的年齡，這個在被忽視和自卑中長大的孩子，雖然頭腦聰明，但在學習上表現得心不在焉，成績一塌糊塗，以至於經常受到父母、老師的責備。一八一六年十一月，巴爾札克憑著那份聰明，考上大學法律系，這讓原本對他已經失望的父母感到振奮，並為他可能給家庭帶來金錢和榮耀充滿了希望。為此，在他讀大學期間，他就被父母先後安排到一位訴訟代理人和公證人的事務所見習。

正所謂越是飢餓的人胃口越大，從小在被責備和被忽視中長大的巴爾札克，對於愛和他人的肯定異常渴望。他為了獲得家人的肯定，於是樹立了一個極其庸俗卻實在的志向——擠入上流社會，出人頭地，讓看不起自己的老師、同學，以及對自己失望的父母為之震驚。

為此，大學畢業後，巴爾札克拒絕了受人尊敬的法律職業，決心成為一名大作家，以達到一夜成名、名利雙收的目的。巴爾札克的父母看到從小到大寫作課成績一塌糊塗，從不曾在任何報紙上發表過一個鉛字的兒子想當作家，這對他們來說不啻晴天霹靂。最終經過協商，巴爾札克獲得了兩年的自由期。兩年內如果不能達到目標，他就必須當律師。

隨後，巴爾札克就用父母給的幾百法郎，到巴黎開始了自己的作家夢。經過用心研究，他決定迎合法蘭西劇院的口味，寫一部歷史劇，以期一炮而紅。為此，他將自己關閉在住處，一天十四個小時的寫作，最終完成了處女作詩劇《克倫威爾》（*Cromwell*）。然而這部作品不但沒能獲得預期的收益，反而迎來了令他灰心喪氣的評價：「這位作者隨便幹什麼都可以，就是不要搞文學。」

為了在最後期限前賺到錢，不再承受父母失望的眼神和周圍人嘲諷的話語，巴爾札克開始創作那種供貴婦和廚娘們打發時間的所謂奇遇故事。創作這種作品不但不費力，而且收入可觀。當然，有利無名，還是讓他感到灰心失望。然而，周圍人卻因為他賺到了錢而開始改變對他的態度，這種變化讓他對金錢的渴望越來越強烈，以至於在寫給家人的信中，公開承認金錢之於他的重要性：「我打算在年底以前弄到兩萬法郎[4]，它將決定我今後的命運。」

隨後，巴爾札克開始了一生的逐錢之旅。累積了一定的資金後，巴爾札克又棄文經商。此後的四年時間裡，他先後從事過出版業，開辦過印刷廠、鑄字廠，結果均以失敗告終。最終，破產、倒閉、清算、負債的苦楚將他打敗了，在母親替他償還債務之後，為了獲得高額的報酬，他不得不重操舊業，再次開始了寫作生涯。

此時，生活中經歷的挫折反而成為他寫作的素材，很快，他完成了長篇歷史小說《舒昂黨人》（*Les Chouans*），繼而出版了《人間喜劇》的《私人生活場景》前兩卷。隨著一部一部成熟作品的推出，巴爾札克的個人收入越來越豐厚。

然而，這並沒達到他的預期目標，或者說實現他的志向。或許是兒時被否定、輕視的經歷，導致他總是極度渴望他人給予的肯定。如今，雖然也算功成名就，但在巴爾札克看來，只有擁有一個貴族頭銜才能代表成功。為此，他購買豪宅和馬車，僱用僕人，塗上厚厚的頭油，穿上帶金扣子的鏤花禮服，參加每一次豪華舞會，在法蘭西那些最古老、最高貴的客廳裡親近貴族們。這樣做的結果不但只會加深他人對他的輕視，而且加重了他的債務。

為了償還債務，他又不斷廢寢忘食的寫作。可以說，他的許多傑出作品都是在債務纏身的情況下寫出來的。《高老頭》三天內一氣呵成，《鄉村醫生》花了七十二小時，《賽查．皮羅多》是二十五小時內寫成……。

就這樣，為了融入上流社會，過上體面的生活，巴爾札克過度的追求奢靡和

---

4 法國的貨幣名稱。現已停止流通，被歐元取代。

荒誕的人生，最終讓自己成了金錢的奴隸，以至於嚴重影響了身體的健康，他說：「我進入了一個可怕的神經痛苦的階段，由於過度喝咖啡而得了胃病。我必須完全的休息。三天來我一直為這前所未有的痛苦所苦惱。」

一八五〇年，五十一歲的巴爾札克在計畫「消磨最後二十五年人生」的豪宅中，度過了他人生的最後幾個月。陪伴在他身邊的是讓他痛苦了一生，也幫助了他一生的母親。

巴爾札克的一生，是成功的一生，因為他在人類文學史上塑造了兩千多個栩栩如生的人物形象；但也是失敗的一生，因為他一生為金錢和名利所困，一直在不斷的追求金錢和名利，並以此向他人證明自己的成功和優秀，最終迷失了自我，過早的消耗掉自己的性命。

從心理學的角度來看，成就巴爾札克的是「鏡中自我」效應，摧毀他的也是「鏡中自我」效應，他人的輕視激發了他的野心，促使他不斷的尋求自我成功；而過分在意他人的評價和看法，最終也成為束縛他的枷鎖，直至將他拖入金錢和名利的深淵。

「鏡中自我」理論提示我們，在個體的成長過程中，他人的評價是認識自我的一面鏡子，但個體倘若過分在意他人的評價和看法，任由他人對自己貼標籤，就會失去自我；反之，個體倘若能於他人的看法、眼光和評價中，認清自己，客觀接納自己，承認和允許自己存在這樣或那樣的缺點與不足，甚至陰暗面，善待自己，就可以整合自己的內心，最大限度的減少內耗，真正由內而外的滋養自己，進而日趨強大自己的內心。

別太在意別人的眼光與評價

創辦於一九六三年的玫琳凱，是創始於美國的一家跨國企業。身為全球護膚品和彩妝品直銷企業之一，其業務遍布五大洲，超過三十五個國家和地區。其創辦者玫琳凱．艾施更是美國有史以來最成功的女企業家之一。她傳奇的一生，不但成為女性勵志的典範，更是突破「鏡中自我」效應影響的實例。

一九一八年五月十二日，玫琳凱出生於美國德州休士頓市（Houston）一個家境窘迫的普通家庭。父親身患肺結核病，常年臥病在床。在餐廳工作的母親是家中主要的經濟支柱。

家境的困窘，讓玫琳凱小小年紀就開始幫母親分擔家務。為了貼補家用，在母親的支持和鼓勵下，她利用課餘時間賣零食賺錢花。年僅七歲時，她就在母親「妳能做到」的鼓勵下，開始承擔起照顧生病的父親的責任。

十七歲高中畢業後，考慮到家庭的經濟情況，正值花樣年華的玫琳凱，放棄了繼續讀書深造的願望，嫁給一個叫羅傑斯（Rogers）的年輕人。婚後，玫琳凱有了兩個兒子和一個女兒。隨後，繼之而來的是一九三〇年代席捲美國的經濟大蕭條和第二次世界大戰，羅傑斯應徵入伍，玫琳凱不得不獨自一人撫養三個兒女，等待著丈夫的歸來。

在此期間，為了支撐起這個生活窘迫的家庭，撫養三個孩子，玫琳凱開始了直銷工作——銷售兒童心理書籍。憑著堅韌的性格和出色的與人交往的能力，她的工作做得相當出色。

沒過多久，她發現當下銷售的產品缺乏系列性，不能充分發揮顧客資源的優勢，於是決定尋找一家能提供系列產品的公司去工作。於是，她到了直銷家用器皿和清潔劑的史丹利家用產品公司（Stanley Home Products）工作。在這家公司，她業績斐然，並且在極短的時間就升任為經理。

不過，職位的升遷並沒有給玫琳凱帶來幸福。在當時男權當道的社會中，儘管她身為經理，但在公司卻得不到應得的尊重。更令她痛苦的是，隨著第二次世界大戰的結束，她期盼的全家團聚並沒有實現，丈夫羅傑斯的背叛，導致家庭破裂，夫妻分道揚鑣。此時，玫琳凱陷入了人生的低潮。

從小到大，儘管樂觀的母親一直鼓勵她、肯定她，但來自周圍人對女性的偏見，不可避免的影響到玫琳凱。充斥在她耳邊的都是女性是弱者，就要甘於接受男人的保護等諸如此類的言論，這讓玫琳凱深感痛苦。於是她決定離開這個傷心之地。

一九三八年，二十歲的單親媽媽玫琳凱帶著三個孩子來到達拉斯（Dallas），開始了新的生活。在這裡，她找了一份家庭日用品銷售的工作，同時以令人難以想像的毅力完成了大學學業。儘管日子依然很艱苦，但她不斷的激勵自己，甚至為自己列下每週的銷售目標，激勵自己不斷前進。

十一年後，刻苦和努力讓玫琳凱發生了蛻變，她以出色的業績，將自己任職的「禮物世界」直銷公司的銷售區域擴展到四十三個州，而且成為主任委員之一。

然而，讓她失望和憤怒的是，社會上的男權思想嚴重禁錮著女性，她的男助理，不但年薪比她高出一倍，甚至得到了公司的破格提拔，成為她的頂頭上司。而當她鼓起勇氣與老闆討論時，得到的回答是：妳的能力無人可比、妳相當優秀，但一家公司永遠不會把一個女人提拔到重要的職位上。

玫琳凱深深的意識到，無論自己怎麼努力都不會獲得更大的發展空間。於是，四十五歲的她終於任性了一次，憤而辭職。

當然，對於玫琳凱的此舉，身邊的親朋好友評價不一。更多的人普遍認為，女性本身就是弱者，要接受現實，安於現狀，踏實做好自己家庭主婦的工作。然而，玫琳凱從自己的經歷中感受到，女性可以和男性一樣出色，因此理應獲得和男性一樣的機會，獲得他人的尊重，實現自己的夢想。

為此，玫琳凱決定創辦一家公司，以向世人證明女性的能力。一九六三年九月十三日，一個約十四坪的店面——「玫琳凱第一個總部」出現了。它是玫琳凱用所有的財產——五千美元創辦的。這家小店只有一個小窗戶，只銷售一種產品——「豐潤滋養霜」。然而第一年就創下了十九．八萬美元的銷售紀錄。眾所周知，這家小店最終發展成一家跨國企業，產品也擴展為十二大系列三百多款單品，年銷售額達到三百億美元。

在玫琳凱公司的產品中，玫琳凱系列品牌最為有名，理由是這套產品有由她本人親自參與製作和加工的「獨家祕方」，號稱可以令使用者青春永駐。靠著這個由她親自操控的「獨家祕方」，玫琳凱公司幾乎壟斷了美國的化妝品市場，公司的銷售額到一九九六年位居全美第一，一九九九年銷售額超過二十億美元，名列美國《財富》雜誌（*Fortune*）全美五百大企業行列，並成為「全美一百家最值得員工工作的公司」榜中，唯一的直銷公司和化妝品公司。

這一「獨家祕方」吸引了相當多的人探祕，甚至一些競爭對手不惜花費重金僱用商業間諜打入其家庭內部去獲取。然而，直到玫琳凱六十五歲卸任總裁的職位時，該「獨家祕方」也一直沒能被揭祕。

一九九五年，玫琳凱七十五歲了。在過生日時，應好友要求，她公布了「獨家祕方」：無懼他人的眼光和評價，充滿希望的生活和工作，讓自己每天擁有一份好心情，快樂的工作和生活，從而讓青春和健康常伴。

如今，玫琳凱已經辭世多年，但她奮鬥的一生始終影響著人們，尤其是女性。她的成功經歷告訴我們：個體要獲得成長和發展，就要勇於打破「鏡中自我」的影響，以積極主動的心態面對一切，要敢於放大自己的優點，正視自己的不足，無懼他人的眼光、評價，更不要因此自我設限，裹步不前。如此，方能身心一體，成就自己的絢爛人生。

為漢字找到前世今生的漢字叔叔

理查德．西爾斯，這個他人眼中的失敗者，這個經歷了離婚、失業，最後獨居的小人物，一度陷於一貧如洗的深深絕望之中。然而，他卻憑著堅持和執著，於花甲之年，打破他人負面評價的魔咒，成為一個特殊網站——說文解字網站（Chinese Etymology）的創辦者。

這個網站的特殊之處在於，介面極其普通，甚至可以用簡陋來概括。然而，在如此簡陋的介面上，任意輸入一個漢字，都可以找到它的字形及其歷史演變，從小篆到金文，甚至數千年前刻於甲骨上的模樣。

回顧自己創辦說文解字網站的歷程，理查德感慨萬千。三十八年前，理查德還是物理系的大學生。一次偶然的機會，他腦迴路大開，產生了學習中文的念頭。當時他的目的非常簡單——了解這個使用人數最多的語言，看一看運用其他語言的人，會用怎樣的方式去思考和交流。為此，他不顧周圍人形形色色的眼光，執意訂了一張單程機票去了臺灣。

到臺灣的當天，理查德將行李放在公寓就出門散步。當時的他不會說中文，也沒有朋友，面對著街上眾多的漢字招牌，不得不借助字典來了解。於是他知道了米酒是 rice wine，他邊走邊喝，結果在喝下一整瓶後酩酊大醉，以至於繞了八個小時的冤枉路才回到公寓。

住在臺灣的這段時間，他開始學說中文。為此，他做了一．六萬個小卡片，卡片的兩面分別是中文和英文。每次出門時，他都要隨身攜帶一、兩百張，以幫助自己識記漢字。走在街頭，他抓住每一個機會和當地人聊天，以訓練口語。一年後，他可以講基礎的中文。兩年後，基本上大多數中文他都會說了。隨後，他收拾行李回國，繼續攻讀自己的物理學。當然，在這期間，由於不定期去中國，他最終用了十年的時間才修完了大學學業。

一九八五年，理查德獲得了田納西大學電腦專業碩士學位，在此後的二十五年中，他一邊在不同的公司做電腦顧問，一邊在工作空檔去中國、俄羅斯、印度、緬甸旅遊。在這段時間，他仍沒停止學習中文。在口語熟練後，他開始閱讀中文書籍。

中文書籍的閱讀，不但吃力，而且速度很慢。為了提高閱讀速度，他開始背字，結果發現漢字的筆畫毫無邏輯可言。怎麼辦？他決定利用了解字源的方法去背字。為此，他每天跑到圖書館翻書查文字資料，結果沒有發現任何一本關於漢字字源的英文資料，唯一的方法就是去中文書籍中查找。然而，要學習甲骨文、金文、篆體字、繁體字、簡體字，要查的中文資料數量實在太多。對他來說，這是不可能的事。

能不能有一個地方，可以了解到一個漢字的所有資源呢？就這樣，將漢字起源的資源電腦化的想法浮現在他的腦海。想到就做，一九九四年，理查德聘用一位上了年紀的華人女士，請對方從掃描一萬個《說文解字》的篆體字入手，幫助他一步一步建立漢字資料庫。七年的時間，這位華人女士在他的指導下，幫助他掃描了十萬個古代文字，包括三．一萬個甲骨文，三．八萬個《六書通》中的字，一萬多個《說文解字》裡的字，二．四萬個金文，理查德用自己的方式為這些漢字編號。

在建立資料庫的過程中，理查德開始思考如何將這些不同的解釋輸入電腦，以方便自己從中挑選最符合自己想法的詞源。

二〇〇二年，理查德將自己從一九九四年起開始收集整理的漢字資料，上傳到自己創辦的說文解字網站（chineseety-mology.com）上，並不斷修改更新，以期幫助自己和其他想學，或正在學習中文的外國人更好的記憶漢字。

如今，chineseetymology.com 網站中的漢字資料庫，已經有一百萬條資料，每天有一．五萬左右的點擊量，吸引著眾多外國人和中國人瀏覽。理查德本人也被網友們尊稱為「漢字叔叔」，甚至登上了中國的電視臺。

回顧自己一路走來的歷程，這位用了二十年的時間、花光全部存款的美國老人感慨萬千。他記得初創這個網站時，一些人認為他在「浪費時間」、「異想天開」，一些人儘管表面上出於禮貌讚揚他的舉動，但更多的人，甚至包括家人和朋友都認為，他在做一件沒有意義的事。然而，理查德堅持著自己的興趣，孤獨一人執著的走了下來。

從學漢語、記漢字到製作漢字資源庫，他遭遇了不同類型的評判、指責、諷刺、挖苦，或敷衍。然而，於他而言，無論是怎樣的態度和評價，均是他人的看法，都不能影響他堅定的前行，反而讓他更加深刻的感受到這件事的意義和價值——世界上還有比金錢更加重要的東西。

理查德·西爾斯的經歷，從另一個角度告訴我們，他人的觀點和評價，對我們而言，固然是一種獲知自我、發現自我的方式和管道，但更為重要的是，我們要以科學的態度分析自己在與他人互動中獲得的認知，進而尋找到自己正確的人生之路。如此方能達成自己的願望，獲得期望的成功。

第十章

庫勒雪夫效應：
眼中世界就是內心世界

生活中，幾乎每個人都會遇到這樣的現象：原本素不相識的兩個人，一見面就覺得格外熟悉、格外親切，彷彿前世今生在某處已經認識了很久。實際上，這就是心理學上的「庫勒雪夫效應」（kuleshov effect）所反映的道理：在很多時候，人們看到的世界，僅是自己內心世界的投影，而事實並非如此。

01

你看到的影像，其實是內心的投影

「庫勒雪夫效應」是一種心理效應。它是俄國電影工作者庫勒雪夫（Lev Kuleshov）在電影拍攝過程中無意間發現的。

一九一八年，十九歲的庫勒雪夫為了研究美國電影之父格里菲斯（D. W. Griffith）的剪輯手法，將俄國著名演員伊萬・莫茲尤辛（Ivan Mosjoukine）在一些舊電影中的鏡頭片段重新剪輯。他嘗試將一個鏡頭分別與一碗湯、遊戲的孩子和老婦的屍體接在一起，在這組鏡頭的三個畫面中，莫茲尤辛都是面無表情的狀態。

隨後，庫勒雪夫將這組鏡頭放給觀眾看，觀眾面對相同的表情，卻給出了不同的解讀：面對湯盤時，演員是在沉思的；面對玩耍的孩子時，演員的內心是無比愉悅的；面對逝者時，演員是陷入悲傷之中的。然後，他們大讚莫茲尤辛的演技之高。為什麼相同的表情，在不同的場景下，觀眾竟然給出了不同的解讀呢？

你看見的都是你想看見的

隨後，庫勒雪夫又進行了另一個實驗。他特地拍攝幾位不同的女性的近景鏡頭，比如第一個女子的眼睛，第二個女子的鼻子，第三個女子的耳朵，然後將這些來自不同女性的畫面剪輯成一個片段，再放給觀眾看。結果，觀眾卻認為這些鏡頭裡呈現的部分均來自同一個女性。

由此，庫勒雪夫認識到，造成觀眾情緒反應的並非單個鏡頭的內容，而是不同畫面之間的並列。也因此揭開了電影表演藝術的最大祕密：最重要的不是演員的行動，而是觀眾對演員行動的反應。這個實驗就是著名的庫勒雪夫實驗。

後來，心理學家從心理學的角度，進一步分析了庫勒雪夫實驗，指出對於演員相同表情在各情境下的不同解讀，實際上是觀眾個人情緒的投射，帶有觀眾的主觀成分。觀眾往往會把自己的想法和情緒，投射到銀幕形象上，由此才為演員的表演賦予了更多的情感成分。

心理學家指出，這一心理效應解釋了為什麼在現實生活中，面對同樣的情境，不同的人會產生不同的情感，是因為人們看到的只是他們想像中的情感，所以在很多時候，人們看到的世界，只是自己內心世界的投影。

這一效應同時也為現代廣告學提供了理論支援。設計師們在設計產品包裝和商標時，以及企業在開發新產品時，都非常注意發揮產品包裝或名稱對消費者的心理引導作用。當然了，在運用心理效應時要注意以下幾點：一是運用於商品名稱時，要注意名稱簡潔、生動、鮮明，韻腳和諧；二是運用於包裝設計時，要注意造型優美、別致、創新；三是無論用於名稱或包裝的設計，都要注意寓意美妙、引人聯想，表達要名副其實，具有獨特性。

若是換個角度來看，恰巧是由於「庫勒雪夫效應」的影響，人們極易對人或事物產生先入為主的印象，憑藉自己的主觀臆測，給人或事物貼標籤。因此，它同時也提醒我們，在對待人或事上，要注意克服由這一主觀投射心理引發的心理影響，防止自己陷入刻板的印象中，從而導致判斷失誤，造成不必要的損失。

電影是首影像詩

一名藝術家竟然創造了一個心理效應。這令人對這位庫勒雪夫產生了極大的興趣。那麼，庫勒雪夫是怎樣的一個人呢？

庫勒雪夫是俄國的一名電影導演、電影理論家。一八九九年一月十三日，他出生於坦波夫。他從莫斯科美術學校完成學業後，於十六歲進入電影界，在漢榮科夫電影製片廠（Van Kanjonkov Studio）擔任美工設計師。一九一八年，經歷了兩年的實際工作後，他開始導演影片，拍攝了第一部影片《工程師普賴特的方案》（*The Project of Engineer Prite*）。

庫勒雪夫是一個工作專注、願意研究的人。由於沙俄時期，不存在什麼有規模的電影，因此真正的蘇聯電影，可以說是從一九一九年八月二十七日列寧簽署將沙俄電影企業收為國有化命令開始的。因此，庫勒雪夫時期，蘇聯的電影正是牙牙學語的起步階段。為了激勵電影事業的發展，蘇聯在戰後物質條件極差的情況下，由國家主導支援電影事業的發展。

在這樣的形勢下，庫勒雪夫身為一名電影人，回應國家的號召，積極進行電影藝術的研究。他不斷的學習與研究，致力於研究電影藝術的基本規律。他研究世界電影，尤其是美國電影的攝影藝術，從而提出了自己的電影攝影藝術理論——蒙太奇理論（Montage Theory），即同一鏡頭與不同鏡頭分別組接，就可以創造出不同的審美含義。

一九一九年，他在蘇聯國立電影學校建立了教學工作室，將一批極富才華和創造性的年輕人聚集起來，積極進行研究和探討。這其中就包括了導演愛森斯坦（Sergei M. Eisenstein）和普多夫金（Vsevolod Pudovkin）。

一九二二年，列寧發出了大力發展電影事業的號召，他指出：「在所有的藝術中，電影對於我們是最重要的。」這一號召，成為蘇聯電影的行動綱領，激勵著青年電影藝術家們進行大膽的創作。庫勒雪夫在進行理論研究的同時，也將研究結果運用於實際中進行檢驗，他執導拍攝了《死光》（*The Death Ray*）、《遵守法律》（*By the Law*）、《鐵木兒的誓言》（*Timour's Oath*）、《我們從烏拉爾來》（*We from the Urals*）等影片。

這些影片反映了庫勒雪夫對電影藝術的獨到見解，在電影表現手段、造型和蒙太奇處理、演員表演及聲音的運用方面的探索，有許多獨創、革新性的成就。除拍攝電影外，他還積極拍攝新聞影片。在蘇聯國內戰爭期間，他就主持了當時新聞影片的拍攝工作。後來，庫勒雪夫將自己豐富的理論和實踐經驗，寫在《電影導演實踐》、《電影導演基礎》和《鏡頭與蒙太奇》等書籍中，其理論影響了當時蘇聯電影業的發展，對世界電影理論也產生了重大的影響。

身為蒙太奇電影技術理論的前驅，庫勒雪夫的鏡頭剪接實驗，對世界電影理論產生了重要的影響。在著名的「庫勒雪夫實驗」中，他指出透過蒙太奇可以體現時間的運動，表達作者的態度，啟發觀眾的感受。後來，他的理論被愛森斯坦和普多夫金加以改進和闡發，從而對整個電影藝術的發展產生了重大影響。

當初，普多夫金是「庫勒雪夫實驗」的具體操作者。正是他從許多廢片中找出了演員莫茲尤辛三個沒有任何表情的特寫鏡頭，並將其與其他三個鏡頭相互拼合起來，從而產生了蒙太奇理論。也正是這個原因，普多夫金對於蒙太奇理論的理解更為深刻。因此，後來他將這一理論發展得更傾向於現實主義傳統，更富於修辭色彩。

普多夫金曾進入國立第一電影學院（世界上第一所電影學院）學習，於一九二二年轉入庫勒雪夫的實驗工作室。他在從事電影導演創作之前，曾當過演員、做過場記、搭過布景、寫過劇本，還做過膠片剪輯工作，可以說是一位比較全方位的藝術家。

一九二六年，普多夫金離開庫勒雪夫實驗室獨立拍片，最終成長為一位風格獨特、成績卓越的電影導演。在一九二〇年代，他還和愛森斯坦一起發展了庫勒雪夫的理論，創立了蒙太奇電影理論。他在執導《母親》（*Mother*），以及歷史題材影片《聖彼德堡的末日》（*The End of St. Petersburg*）和《成吉思汗的後代》（*Storm Over Asia*）等影片中，創造了「詩的電影」美學風格，為其在世界電影史上留下了極高的聲譽。尤其在電影《母親》的拍攝中，他充分實踐了自己蒙太奇的觀念，注重影片詩意的傳達，成為一九三〇年代蘇聯電影的典範。

02 利用慣性思維的最成功廣告

提到可口可樂，幾乎無人不知、無人不曉。隨便步入任意一家超市，貨架上必定有它的身影。它頑強的占據著賣場的貨架，也牢牢的扎根在人們的內心。但很多人並不知道，為了達到這種效果，可口可樂公司做出了怎樣的努力。在這一過程中，該公司對「庫勒雪夫效應」的運用，可謂出神入化。

來一瓶「蝌蝌啃蠟」？

成立於一八八六年的可口可樂公司，至今已有一百多年的歷史。作為全球最大的飲料公司，它擁有全球飲料市場四八％的占有率，可以說是世界飲料市場的龍頭老大。這個巨無霸的成功，得益於其對消費者心理的掌握，以及心思巧妙的行銷。

一八八六年，美國喬治州亞特蘭大（Atlanta）的藥劑師約翰．史蒂斯．彭伯頓（John Stith Pemberton），用碳酸水加蘇打水配出一種可以飲用的糖漿，用以幫助患者減輕頭痛，起到提神、鎮靜的作用。

這種無名糖漿受到患者的廣泛歡迎，儘管是在藥店銷售，卻有人特地買來當作飲料飲用。既然成為商品，就需要有一個名字，於是法蘭克．羅賓森（Frank M. Robinson）根據這款產品的成分——古柯（Coca）的葉子和可樂（Kola）的果實，為其取名可口可樂（Coca cola），並且設計了商標。接著，彭伯頓用有限的資金開設了一家「藥水」製造廠，開始銷售可口可樂。

在此之後的十幾年中，可口可樂被放在汽水機裡，按杯出售。一八八八年，被人稱為「可口可樂之父」的企業家阿薩．坎德勒（Asa G. Candler），慧眼獨具的看到了可口可樂的巨大潛力。於是他頂著同行的嘲笑，用兩千三百美元從彭伯頓的後人手裡買下了可口可樂的專利權，生產製造可口可樂的原液，再將其銷售給藥店。從這時開始，坎德勒為了提升人們對可口可樂的購買欲望，開始在火車站、城鎮廣場的告示牌上做廣告。

一九二三年，可口可樂的CEO羅伯特·伍德羅夫（Robert W. Woodruff），根據市場回饋，獲知可口可樂的包裝不利於消費者隨時飲用，於是從消費者的需求出發，和公司裝瓶特許經營商共同研發新的包裝，最終達到了讓消費者「需要時隨手可得」的效果。伴隨著包裝的改變，伍德把握消費者心理，以生活風格（lifestyle）為主題進行了廣告宣傳，可口可樂的瓶裝銷售開始逐年增長。

第二次世界大戰期間，可口可樂公司不計成本的為每位美國軍人提供五美分[1]一瓶的可口可樂，可口可樂也因此走向了全世界，以至於第二次世界大戰後，可口可樂公司占有了近七〇%的可樂市場。到二十世紀末，可口可樂公司八〇%的利潤都來自國際市場。

一九二七年，可口可樂公司將目光瞄準了中國市場，首先選中的是當時的時尚之都——上海。可口可樂公司和著名的屈臣氏汽水公司（AS Watson Group）合作，在中國投資建廠，生產並銷售可口可樂。然而，令可口可樂公司沒想到的是，期望值較高的中國市場的銷售，竟然遠遠比不上其他國家，甚至稱得上慘澹經營。這是為什麼？

可口可樂公司總部派出專業的市場調查人員，去尋找問題的根源。幾番調查下來，面對真相，可口可樂公司哭笑不得。原來，當時的翻譯人員在翻譯可口可樂的名字時，將其直譯為「蝌蝌啃蠟」。結果消費者一看名字，立即傻眼。

這真是一個毫無意義的名字，人們習慣性的由「啃蠟」聯想到成語「味同嚼蠟」，於是還沒喝，就在心理上產生了排斥感。同時，「蝌」字在中文裡，對應聯想到了「蝌蚪」。人們很難想像自己如同一隻蝌蚪一樣啃著蠟的畫面。

就這樣，「庫勒雪夫效應」發揮了作用，中國人將對蝌蚪和嚼蠟的主觀感受，投射到了可口可樂上。加上可口可樂的顏色黑忽忽的，更讓人從黑色的不良印象，產生先入為主的不良感覺，因此無法接受這種飲料。因此，在這種心理的影響下，可口可樂在中國市場的銷售才如此不理想。

問題找到後，可口可樂公司想到的解決辦法就是用廣告說話。屈臣氏汽水公司特地針對年輕人喜愛的風格，聘請上海廣告畫家設計了一幅「請飲可口可樂」

---

1 美分是美元最小的使用單位，一百美分相等於一美元。

的月分牌[2]廣告畫。廣告中，當時蜚聲影壇的明星阮玲玉，身著華美衣裙，在暖色的燈光中，坐在酒吧的一角，優雅的輕握著一杯可樂，目光溫柔的看著鏡頭。

就這樣，「庫勒雪夫效應」再次發揮了作用，廣告借助人們對明星的崇拜心理，利用阮玲玉的人氣，將可口可樂推到了時尚尖端。一時之間，可口可樂在上海的銷量激增，成了一種流行飲料，甚至開始進入市民階層。

到一九三三年，可口可樂在上海的裝瓶廠成為美國境外最大的可樂汽水廠。到一九四八年，該廠產量超過一百萬箱，創下美國境外銷售紀錄。而中國也就此成為可口可樂公司在海外的最大市場。

一九四九年，隨著美國大使館撤離，可口可樂也撤出了中國市場。然而，這個巨大的市場始終誘惑著可口可樂公司。從一九七六年開始，可口可樂公司一直在不停的嘗試要重返中國市場。直到一九七八年，中美關係出現新的轉機，可口可樂公司終於再度進入中國市場。

可是，經過三十年的變遷，中國消費者要重新接受可口可樂，是否會重現最初進入中國市場的一幕呢？為了避免再度發生類似初進市場時出現的情況，可口可樂公司乾脆採取相應的措施——改名。於是一九八〇年代，當可口可樂品牌再次進入中國市場時，它選擇了一個全新的譯名——可口可樂。

一方面，這個名字是Coca cola的諧音，另一方面，這個新名字同樣借用了「庫勒雪夫效應」，巧妙的利用了中國人的習慣思維。「可口」在英文中是「delicious」，「可樂」在英文中是「happy」，兩者加在一起傳達出這種飲料不但可以讓喝的人感到美味，而且還會產生快樂感。

就這樣，為了盡快打開市場，北京可口可樂分公司隆重推出了在中國市場的第一次賣場促銷活動——各大商場實行買一瓶可樂，送一個氣球或一雙筷子，這果然吸引了不少關注，可口可樂再次引爆了中國飲料市場。

同一種飲料，同一個名字，只因翻譯的用字不一樣，就讓消費者產生了不同的情緒反應，這無疑是「庫勒雪夫效應」的生動詮釋。

---

2 日曆。一種誕生於清末上海的廣告宣傳畫。「月分牌」的名稱由來，是因為畫中不僅有人物插畫、廣告商品及公司行號外，還會將全年的月分印製在上面。即使最後廣告畫上不再印製全年月分，但依然以月分牌廣告畫稱之。

別被「霉運」迷了眼

二〇一〇年二月十七日，在溫哥華冬奧會高山速降的賽場上，伴隨著發令槍的響聲，一名運動員如同一隻矯健的雪燕，盤旋翱翔於白皚皚的雪山上。最終，她以絕對的優勢奪得該項目金牌。她就是美國女運動員林賽・沃恩（Lindsey Vonn）。當人們看到領獎臺上笑得無比燦爛的沃恩時，沒有人知道，為了得到這面金牌，她是如何戰勝「庫勒雪夫效應」，一步步走到這裡的。

一九八四年，沃恩出生於美國明尼蘇達州（State of Minnesota）。她從小就表現出對冰雪的迷戀，七歲開始學習滑雪時，就表現出過人的天賦。從那時起，她就確立了成為一名世界級滑雪選手的夢想。一九九七年，隨家人到科羅拉多州（State of Colorado）後，沃恩獲得了更好的滑雪訓練環境，可謂如魚得水。一九九八年，她成了全世界最優秀的少年滑雪運動員之一。二〇〇〇年，她成功入選美國國家隊。

此後，為了達到滑雪領域的最高峰，她克服困難不斷前進。在這期間，父母的離婚也沒能讓她放棄夢想，反而讓她更加專注於自己的滑雪事業。她每週六一整天都滑行在訓練場，將自己全身心的奉獻給滑雪事業。付出終於得到了回報，二〇〇四年一月，她在世界青年滑雪錦標賽中，獲得女子高山滑降項目銀牌，同年十二月，她首次獲得世界盃分站賽冠軍。

按照「庫勒雪夫效應」，此後，她理當獲得更大的成功，贏得更多的獎牌。然而事與願違，二〇〇五年，被非常看好的沃恩，在義大利博爾米奧（Bormio）舉行的世錦賽上卻與獎牌無緣。二〇〇六年杜林（Torino）冬奧會，同樣是最大奪冠熱門的她，卻在比賽開始前兩天的每小時一百一十二公里的速度訓練中摔倒，儘管她忍著傷痛參加了四項比賽，卻無一獲獎。

經過三年的蟄伏，當她在人們的期待中出現在二〇〇九年的法國高山滑雪世界錦標賽場上時，她終於不負眾望，奪得兩金。不幸的是，在賽後開香檳慶祝時，傷到了右手拇指，險些被截肢。有人由此斷定她霉運纏身。

似乎為了證明這一論斷，二〇〇九年十二月在加拿大舉行的世界盃分站賽上，她雖然獲得了速降賽冠軍，卻因膝蓋撞到下巴而將舌頭咬得鮮血淋漓。在同月二十八日參加的奧地利林茲（Linz）大迴轉比賽中，她又因為滑雪板被凸起的雪塊硌了一下，整個人飛上了天空，然後重重的摔在雪面上，導致左手腕骨嚴重瘀傷。

因為這次受傷，她一度陷於「庫勒雪夫效應」的消極影響中，懷疑自己是不是真的霉運纏身。但很快她否定了自己這一消極的想法。她堅信，只要透過現象看本質，堅持目標，不斷努力，人定可以勝天。於是她帶傷訓練，最終在二〇〇九年賽季中獲得七項世界盃冠軍，包括速降項目的全部五站賽事。

二〇一〇年二月十二日，溫哥華（Vancouver）冬奧會開幕前夕，在奧地利的一次訓練中，沃恩的右腿脛骨受傷。這個消息不啻晴天霹靂。要知道，高山滑雪的速度每小時高達一百二十公里，這相當於一輛車行駛在高速公路上，如此快的速度，對運動員的脛骨衝擊可想而知。

加上，冬奧會賽場的賽道全長是兩千九百三十九公尺，從起點到終點落差七百七十公尺，是世界上難度最大的賽道。然而，沃恩雖承受著身心的巨大壓力和痛苦，仍然堅持參加比賽。幸運的是，這次運氣似乎站在了她這一邊。在比賽開始前幾天，由於比賽地惠斯勒山區（Whistler Mountain）雨雪不斷，高山速降的訓練和比賽被接連推遲，她因此獲得了幾天寶貴的療傷時間。

二〇一〇年二月十七日，當她勇敢的再次站在冬奧會高山速降的賽場上時，無數人將目光投向了她。而她也不負眾望，最終以一分四十四秒一九的成績，獲得該項目的金牌。

為了實現自己的夢想，沃恩花費了四年的時間，戰勝「庫勒雪夫效應」的消極影響，憑著自己的堅持和毅力，心無旁騖，堅韌不拔，奮勇向前，最終夢想成真。她用實力告訴人們，面對「庫勒雪夫效應」的消極影響，倘若你能透過現象看本質，克服盲目認知，堅持自己的目標，必將獲得預期的效果。

成功在於最後的堅持

由環球影業製作並發行，史蒂芬．桑莫（Stephen Sommers）執導的系列電影《神鬼傳奇》（*The Mummy*），讓人們窺探到神祕的埃及法老，尤其是那極具圖騰意味的面具，給觀影者留下深刻的印象。然而，在享受影片帶來的衝擊時，人們更應該感謝那些考古工作者，正是他們的努力付出，才讓人們得以了解那些神祕的埃及寶藏。霍華德・卡特（Howard Carter）就是其中的一員。他憑著自己的堅持，克服了「庫勒雪夫效應」的影響，堅持到最後，成功挖掘圖坦卡蒙（Tutankhamen）法老王墓，為開羅博物館增添了濃墨重彩的一筆。

一八七四年五月九日，霍華德・卡特出生在英國倫敦的肯辛頓（Kensington）。身為頗負盛名的畫家和製圖家的兒子，他在父親的教育下，掌握了基本的繪畫技巧，並對考古學產生了濃厚的興趣。

十六歲時，卡特開始接受考古學者弗林德斯・皮特里（Flinders Petrie）爵士的指導和訓練，然後以他助手的身分前往埃及，開始了複製古埃及繪畫和碑銘的工作。在考古工作中，他對工作的熱忱深深打動了同行者和埃及當地的考古人員，埃及考古局局長更是給予其高度的認可。一八九九年，二十六歲的卡特成為開羅南部的古埃及奴比亞（Nubia）遺跡的監督官。

考古工作的長期性和艱苦性歷練了卡特。考古結果具有很大的不確定性，多年的歷練也讓卡特體會到了這一工作結果的不確定性。在埃及考古工作中，考古挖掘工作一度因資金問題而無法進行下去。就在卡特幾乎絕望時，一九〇七年，喬治・卡爾納馮勳爵（George Carnarvon）為卡特提供了資助，但條件是卡特要到帝王谷找到圖坦卡蒙墓。

圖坦卡蒙是古埃及新王國時期第十八王朝的法老。他九歲便君臨天下，十九歲時死於一種家族遺傳病，和所有的古埃及法老一樣，被埋葬在埃及王國首都底比斯的帝王谷。雖然他不是古埃及歷史上功績最為卓越的法老，但因其身上存在太多的神祕感，令許多人對找到他的墓充滿了興趣。卡爾納馮勳爵就是其中的一位。

卡特對尋找圖坦卡蒙法老陵墓的工作充滿了熱忱，甚至為此辭去遺跡監督官的工作。然而，因為盜墓賊的猖獗，帝王谷被幾經偷盜，幾乎被掘光了，沒人能確定圖坦卡蒙王的陵墓是否真的在那裡。不過，經過一番研究和努力，卡特堅定認為圖坦卡蒙王的陵墓一定還在帝王谷。

從一九一七年秋天開始，在卡特的指揮下開始了挖掘工作。然而，在經過幾年毫無收穫的蒐尋後，很多人開始失去了信心，對卡特的判斷表示質疑。因為投資毫無回報，卡爾納馮勳爵甚至於一九二二年揚言，倘若卡特不能在一季的時間裡，找到圖坦卡蒙王的陵墓，他就會撤資。

卡特不為所動，仍然堅信自己的判斷，因為他的判斷是在深入研究的基礎上得出的，並非表面的膚淺見解。最終，卡特的堅持得到了回報，他們發現了通向圖坦卡蒙墓的階梯。一九二二年十一月四日，考古隊發現了一條約六英尺（一．八公尺多）長的石階。卡特幾乎馬上斷定，那是通向法老陵墓的階梯的一部分。隨後，卡特帶領考古人員極其小心而緩慢的向下挖掘，直到第十二階才發現了一個入口。

看到外門上那三千年前的封印，卡特斷定這就是一座為法老王建造的皇室陵墓。隨後，他小心翼翼的鑿開墓門的一角，用顫抖的手舉起手電筒向裡看，看到了包金的戰車，飾有巨大鍍金獅子和怪獸的臥榻，一人高的國王雕像，以及數不清的箱子和籠子。之後證明，那個一人高的國王雕像就是圖坦卡蒙法老的金棺。

就這樣，在卡特的堅持下，古埃及第十八王朝年輕的法老圖坦卡蒙的陵墓重見天日。如今，當人們來到開羅博物館的第二層時，便可以看到從圖坦卡蒙法老王墓挖出的寶藏。這裡有黃金、珠寶、飾品、大理石容器、戰車、象牙與黃金棺木，其工藝可謂巧奪天工，為後世研究古埃及提供了寶貴的資料。

可以說，倘若卡特受到身邊輕言放棄的人的影響，接受「庫勒雪夫效應」的消極影響，中斷挖掘，那麼他就無緣於圖坦卡蒙法老王墓，更不會成為轟動全世界的考古史上最重要事件的主持者，也不會在考古史上留下這樣濃重的一筆。

而他的堅持，是基於他對專業的深入研究，對自己判斷的自信。誠如他在自傳中所說：「我們幾乎已經認定自己被打敗了，正準備離開山谷到別的地方去碰碰運氣。然而，要不是我們最後垂死的一錘努力，我們永遠也不會發現這遠超出我們夢想所及的寶藏。」

當我們在堅持理想的路上艱難前行時，面對「庫勒雪夫效應」的影響，你必須運用科學的判斷，不被投射效應影響，在科學的研究和審慎的思考之後，再做出準確的判斷，這需要莫大的勇氣，更需要過人的自信。

第十一章

毛毛蟲效應：
跟著前人走最安全

在生活中，我們常常會發現，許多人習慣於固守原有的思維、習慣，因循守舊的用固有思維做人、做事，不願意改變，卻美其名曰是「走自己的路，讓別人說去吧」。

然而，一旦外部環境發生變化，他們頓時無所適從。這就是典型的「毛毛蟲效應」（caterpillar effect）。事實上，伴隨著時代的變化，個體只有不斷成長、變換思維、求異創新，才能順應當下的變化，讓人生煥發活力。

01 下意識的跟大家保持一致

所謂「毛毛蟲效應」，就是指盲目跟從習慣和思維慣性而做出反應，並導致失敗結果的現象。這一心理效應是由法國昆蟲學家尚－亨利・法布爾（Jean-Henri Fabre）的實驗中得出的。

轉圈圈的毛毛蟲

一八二三年，法布爾出生於法國南部阿韋龍省魯那格山區的聖萊昂（Saint-Léon）。從三歲到六歲，法布爾就被寄養在祖父母家。也正是在這段時間，這個好奇心重、記憶力強的孩子，觀察到自然萬物，並對它們產生了依戀和熱愛。六歲時，法布爾回到了父母身邊，到私塾上學，開始對昆蟲和草類產生興趣，並在照顧家禽的過程中，了解到更多的自然產物，如水晶、雲母等礦石。

隨著年齡的增長，法布爾與社會有更多的接觸，對自然的熱愛就更深了。師範學校畢業後，十九歲的法布爾成為一名小學教師，在教學的過程中，他帶領學生接觸自然，上野外測量實習，並由此對蜜蜂產生了濃厚的興趣，開始閱讀《節肢動物志》，從此迷戀上了昆蟲學。

二十五歲時，法布爾成為一名高中物理教師，開始研究動物、植物，並由此開始了他生物研究的歷程。也就是在這一階段，他透過毛毛蟲實驗，給後人留下了發現「毛毛蟲效應」的科學依據。

法布爾透過觀察發現，毛毛蟲習慣於固守原有的本能、習慣、先例和經驗，追隨習慣去覓食。他想透過實驗，確定毛毛蟲是否對於這種毫無意義的繞圈感到厭煩，從而轉向牠們比較愛吃的食物。法布爾將一些毛毛蟲擺放在一個花盆的邊緣，使之首尾相接，形成一個圓圈。然後，他將一些毛毛蟲喜歡吃的松針撒在與花盆周圍相距十五公分的地方。隨後，他觀察到，這些天生具有「跟隨他人」習性的蟲子，一隻接著一隻的開始圍著花盆邊緣繞圈，一圈又一圈，一分鐘、一小時、一天……彷彿不會疲倦，就這樣固執的繞著圈子。最後，在連續七天七夜之後，這些蟲子最終因飢餓難耐，筋疲力盡，全部死亡。

隨後，法布爾開始了第二次實驗。他打算先引誘其中的一隻毛毛蟲離開這個圈子，以便牠改變自己的行走路線，走出一條生路。然而出乎法布爾意料的是，無論他怎樣誘惑，這隻毛毛蟲都死死的跟隨著前面的毛毛蟲。

最後，法布爾乾脆拿走其中一隻毛毛蟲，如此一來，那個圓圈就出現了一個缺口。結果處於缺口處的第一隻毛毛蟲，由於無法看到前面的同類，就改變了方向，自動離開了花盆邊緣。因為牠的這個舉動，那些毛毛蟲不但沒有全部餓死，而且找到了自己最愛吃的松針。

後來，科學家就將這種喜歡跟著前面的路線走的習慣，稱之為「跟隨者」的習慣，將因跟隨而導致失敗的現象，稱為「毛毛蟲效應」。

在法布爾的實驗中，毛毛蟲因為習慣跟隨，不願意打破原有的運動軌跡，因此失去了食物，也失去了自己的生命。從心理學的角度來看，這就是一種從眾行為，而導致這種從眾行為的原因就在於慣性思維。

打破「毛毛蟲的怪圈[1]」

類似於毛毛蟲的這種表現，在自然界中還有不少。比較典型的就是鰷魚。鰷魚的個頭小，習慣於群居，而其中的強健者自然就成為群體的首領。科學家對其進行過如下實驗。

選擇一群鰷魚中的首領，將這條強健的鰷魚腦後控制行為的部分割除後，此魚便失去了自制力，行動也發生了紊亂。隨後，研究人員將這條鰷魚放回魚群，結果發現，縱然這條鰷魚的行為紊亂，其他鰷魚仍舊緊隨其後。這一個實驗同樣證明了「毛毛蟲效應」，個體固守於原有的東西，不肯改變一絲一毫去追求有價值的東西，牠們用生命盲目的去追隨，到最後卻什麼也得不到。

日常生活中，個體處於社會群體的無形壓力下，會下意識的和群體中的大多數人保持一致，於是就出現了「隨波逐流」的現象。毛毛蟲因為這種效應的影響，出現了習慣性的跟著隊形前進的習性，而人類同樣存在這種心理，進而導致慣性思維的產生，束縛了個體前進的步伐。

無數的事實證明，個體倘若缺少獨立思考的能力，不能勤於思考，勇於改變和創新，就會使自己喪失前進的力量，在長期的從眾中喪失自我，進而被時代拋棄，甚至成為時代的犧牲品。為此，在個體的成長過程中，要注意從以下兩個方面入手，擺脫毛毛蟲效應的影響。

首先，要**努力反省自我**，以擺脫慣性思維的影響。慣性思維會形成固定的思維定式，在環境不變的情況下，會使個體熟練的運用已掌握的方法快速解決問題。但倘若情境發生變化，慣性思維就會妨礙個體採用新的方法去解決問題，從而成為一種消極思維，束縛個體創造性思維的發揮。為此，**個體若想避免自己陷於慣性思維的影響，就要在平時遇到問題時多加思考，而不是習慣性的全盤接受。**

其次，要**學會跨界思維**。所謂跨界思維，就是能夠多角度、多視野的看待問題，提出解決方案。而要做到這點，就需要及時轉變思維模式，能在生活中，學會融會貫通的解決問題，建立多元化思考的習慣。為此，在日常生活中，不要一味的埋頭苦幹，要學著停下來思考，從而發現問題，找到問題的癥結。

1 比喻難以擺脫的某種怪現象。

02 迪士尼和蘋果，不當原地的毛毛蟲

創立於一九二三年的華特迪士尼公司（The Walt Disney Company），之所以能發展成全球化的家庭娛樂和媒體巨頭，歷經九十餘年而不衰，靠的就是打破「毛毛蟲效應」的影響，不斷創新發展，成就其輝煌。

迪士尼這樣與眾不同

一九二三年，第一次世界大戰後的美國，展現出一片歌舞昇平的景象，華特・迪士尼（Walt Disney）與其兄弟洛伊・迪士尼（Roy Edward Disney）共同成立

了迪士尼兄弟工作室。接下來的四年中，華特精心打造的動畫短片《愛麗絲夢遊仙境》（*Alice in Wonderland*）系列，給人們留下了深刻的印象。但華特沒有做那隻困於原地的毛毛蟲，他開始尋找新的樹葉，最終於一九二七年，創造了幸運兔奧斯華（Oswald the Lucky Rabbit），繼而陸續製作了二十六部動畫電影。

也是在此時，華特發現了影片發行商們玩弄心機刻意壓價。他不願逆來順受、受制於人，於是在仔細研究了雙方的合約之後驚訝的發現，奧斯華的版權及相關權益並不屬於自己。發現這個結果的華特深刻的意識到，要掌握主動權，就要擁有對作品的絕對控制權。華特開始思考工作室未來的走向，試圖尋找更多、更大、更好的「葉子」。一九二八年十一月，隨著有聲電影的出現，迪士尼製作的第三部電影《米老鼠》（*Mickey Mouse*）一炮而紅。迪士尼進入了壯大的階段。

一九七〇年代，隨著華特．迪士尼的去世，迪士尼開始困於慣性思維，無意識的步入了邯鄲學步[2]的階段，逐漸喪失了把握市場風向和時代變遷的敏銳嗅覺，失去了大量的青少年和成人觀眾群體。就在這時，新執行長麥可．丹曼．艾

2比喻仿效他人，未能成就，反而失卻自己本來的面目。

斯納（Michael Dammann Eisner）、公司主席弗蘭克・威爾斯（Frank Moorhouse），和電影公司主席傑弗瑞・卡森伯格（Jeffrey Katzenberg）三巨頭的出現，讓迪士尼慢慢轉變思維，開始了創新變革。

此後，迪士尼開始向更多領域擴展，先後擁有了十家電視臺、二十一家廣播電臺、七家日報及四家有線網路的所有權，同時擴展其海外業務，將公司延伸到了亞太、歐洲、中東、非洲和拉丁美洲。其業務也從最初的動畫電影擴展到五大板塊，包括媒體網路、主題公園及度假區、影視娛樂、消費品和互動娛樂。

仔細分析迪士尼公司的成長及業務擴展，可以看到無處不閃爍著創新思維的光芒。正是不囿於陳舊模式、不固守過往成就的思維，勇於創新，才讓迪士尼公司的業務範圍不斷擴大，公司的收益不斷增長。

以迪士尼公司的動畫製作來看，該公司對其起家的動畫電影的製作，一貫保持其特色的同時，不斷創新。繼一九二八年的動畫片《汽船威利號》（*Steamboat Willie*）推出著名的米老鼠、唐老鴨、高飛等系列形象後，迪士尼為了創新發展，進行了不斷的努力。為此，該公司建立了一套「創新知識管理流程」，用一整套經過長期實踐，證明行之有效的業務流程、知識管理和創作框架，使每一個參與工作的人員都能夠輸出自己的智慧，在企業的創新管理中發揮個人魅力和智慧，給動畫影片融入新的元素，也令其動畫製作保持著持續創新的源泉。同時，動畫創作技術也力求不斷創新。

一九三七年，迪士尼發行了世界上第一部有劇情的長篇動畫電影《白雪公主》（*Snow White and the Seven Dwarfs*），一九四〇年，迪士尼製作的影片《幻想曲》（*Fantasia*）又成為第一部擁有視覺效果的音樂劇作，二〇一六年製作的《動物方城市》（*Zootopia*）大量採用了 keep-alive 技術，讓景物更加逼真。

不僅如此，迪士尼的動畫還考慮與其業務全球化的對接，對節目進行了全球化處理，使之為全世界的觀眾所接受，比如有取材於中國民間故事的《花木蘭》（*Mulan*），取材於英國戲劇的《哈姆雷特》（*Hamlet*）等。正是因為不斷創新，經典動畫也成為迪士尼最主要的象徵，而迪士尼也因此成為動畫電影的領軍人物，引領世界動畫電影的潮流。

除了在動畫製作上創新，迪士尼還在公司業務範圍上不斷拓展，而不是固守起家的動畫製作。該公司還在動畫電影的基礎上，擴展了主題樂園及度假區，將動畫中的角色和魔幻表現手法，與遊樂園功能巧妙的結合起來，既達到讓其動畫深入人心，也利用其他的形式，收穫更大的利益。據統計，二〇一六年迪士尼營收中，主題樂園收入達一六九．七四億美元，占迪士尼總營收的三〇%。

當迪士尼的主題樂園繼美國之後擴展到海外時，其動畫衍生品也相應被推出，於是迪士尼又獲得了一條發展之路。透過授權方式，迪士尼與一些知名的服裝、玩具企業合作，讓自己的迪士尼連鎖商店擴展到海外，成為其消費品業務中的重要部分，也讓迪士尼品牌延伸至零售業。

借助於創新思維，迪士尼擺脫了「毛毛蟲效應」的影響，為企業建立了一條密切關聯的產業鏈，使自己具備了巨大的核心競爭力，並讓企業獲得了巨大的效益。二〇一六年，迪士尼全年營收為五百五十六．三二億美元，市值達到一千五百三十三億美元，成為全球眾多文化娛樂企業的發展目標。

破牆而出的蘋果手機

提到蘋果手機，就不得不提起史蒂芬．保羅．賈伯斯（Steven Paul Jobs）。

不同於其他商界人物，賈伯斯不但被人們稱為企業家、美國蘋果公司聯合創始人，而且被稱為發明家。而這就源於他與眾不同的創新思維。正是憑藉著創新思維，賈伯斯引領蘋果突破思維的牆，發展成手機行業的先鋒。

賈伯斯出生於美國加利福尼亞州三藩市（San Francisco）。剛來到這個世界時他就成了棄嬰。一對好心的夫妻——保羅．賈伯斯（Paul Jobs）和克拉拉．哈戈匹安（Clara Hagopian）領養了他，給予了他無限的愛。

由於賈伯斯的家位於美國矽谷（Silicon Valley）附近，其鄰居都是惠普公司（Hewlett-Packard Company）的職員。耳濡目染，賈伯斯迷戀上了電子學，並在鄰居的幫助下，成為惠普公司「發現者」俱樂部中的一員。就是在這裡，賈伯斯首次與電腦結緣，對電腦有了一個朦朧的認識。

十九歲時，由於經濟問題，賈伯斯不得不輟學工作——成為一家遊戲機公司的職員。他一邊工作，一邊研究電腦。當他看到當時的電腦體積龐大、價格昂貴時，就想自己開發，做一部電腦。於是他和好友史蒂夫．沃茲尼亞克（Stephen Gary Wozniak）合作組裝了第一臺電腦。這就是蘋果一號電腦。二十一歲的賈伯斯和二十三歲的沃茲尼亞克，想盡辦法籌集了一千三百美元作為創業資金，成立了蘋果公司，開啟了他們的創業之路。

度過了慘澹經營的兩年後，蘋果公司的發展迎來了轉機——零售商保羅．卡雷爾（Paul Carell）在見到賈伯斯對電腦的演示後，訂購了五十臺。從此，蘋果電腦開始了小量生產。在獲得六十九萬美元貸款後，公司的發展速度加快，規模做得越來越大，而這一切，都離不開賈伯斯的創新思維。

蘋果公司從最初成立就展現了與眾不同的個性。這是因為，賈伯斯個人一向注重創新。他認為，如果是一個成長性的行業，創新就是要讓產品使用人更有效率、更容易使用、更容易用來工作。如果是一個萎縮的行業，創新就是要快速的從原有模式中退出來，在產品及服務變得過時、不好用之前，迅速改變自己。而這也成了蘋果公司產品研發的理念。

基於「創新是無極限的，有限的是想像力」這樣的理念，賈伯斯在蘋果公司的經營中強調個性化，堅持要讓蘋果成為領袖者，而非追隨者。這種經營理念與公司中大部分人的理念相衝突。於是當蘋果電腦被ＩＢＭ公司推出的個人電腦搶占大部分市場後，賈伯斯也因失去經營大權，被迫離開了蘋果公司。

具備創新思維的賈伯斯，從不囿於傳統思維，在離開蘋果公司後，他又在動畫領域打造出自己的商業世界——創立了皮克斯動畫工作室（Pixar Animation Studios）。隨後，這家公司成了著名的3D電腦動畫公司。一九九五年，該公司推出了全球首部全3D立體動畫電影《玩具總動員》（*Toy Story*）。二〇〇六年，這家公司被迪士尼收購，賈伯斯也成為迪士尼最大的個人股東。

就在賈伯斯的獨立公司發展得如日中天時，少了賈伯斯的蘋果公司卻陷入了困境。為此，賈伯斯被重新請回蘋果公司，經過大刀闊斧的改革，借助於研發新產品iMac和iOS作業系統。iMac創新的外殼顏色和透明設計使得蘋果產品大賣，蘋果公司也度過了財政危機。使用iOS系統的iPhone也引發了蘋果手機的銷售熱潮，蘋果公司再度煥發生機。

二〇一一年，五十六歲的賈伯斯因病離世，一顆天才之星墜落。但他留下的「創新改變世界」的理念，他那勇於突破思維的牆的舉動，不僅為前行的人們改變自己、改變思維、勇於創新提供了範本，也從另一面提供突破「毛毛蟲效應」的方法與途徑。

Think 275

曼德拉效應

一群不相干的人同時記錯一件事，後果是？誰迷惑你的理智、操弄你的行為，怎麼擺脫？

作　　者／玄慧雯
責任編輯／蕭麗娟
校對編輯／黃凱琪
美術編輯／林彥君
副總編輯／顏惠君
總 編 輯／吳依瑋
發 行 人／徐仲秋
會計助理／李秀娟
會　　計／許鳳雪
版權主任／劉宗德
版權經理／郝麗珍
行銷企劃／徐千晴
業務專員／馬絜盈、留婉茹、邱宜婷
業務經理／林裕安
總 經 理／陳絜吾

國家圖書館出版品預行編目（CIP）資料

曼德拉效應：一群不相干的人同時記錯一件事，後果是？誰迷惑你的理智、操弄你的行為，怎麼擺脫？／玄慧雯著 . -- 初版 . -- 臺北市：大是文化有限公司，2024.01
272 面；14.8 × 21 公分 . --（Think；275）
ISBN 9786-267-377-45-1（平裝）

1. CST：心理學　2. CST：通俗作品

170　　112018848

出 版 者／大是文化有限公司
臺北市 100 衡陽路 7 號 8 樓
編輯部電話：（02）2375-7911
購書相關資訊請洽：（02）2375-7911 分機122
24小時讀者服務傳真：（02）2375-6999
讀者服務E-mail：dscsms28@gmail.com
郵政劃撥帳號：19983366　戶名：大是文化有限公司

法律顧問／永然聯合法律事務所
香港發行／豐達出版發行有限公司 Rich Publishing & Distribution Ltd
地址：香港柴灣永泰道 70 號柴灣工業城第 2 期1805 室
Unit 1805,Ph .2,Chai Wan Ind City,70 Wing Tai Rd,Chai Wan,Hong Kong
Tel：2172-6513　Fax：2172-4355
E-mail：cary@subseasy.com.hk

封面設計／林雯瑛
內頁排版／陳相蓉
印　　刷／韋懋實業有限公司
出版日期／2024 年 1 月初版
定　　價／新臺幣 399 元（缺頁或裝訂錯誤的書，請寄回更換）
I S B N／978-626-7377-45-1（平裝）
電子書ISBN／9786267377437（PDF）
9786267377420（EPUB）